Das neue Tao des Warren Buffett

Mary Buffett & David Clark

MARY BUFFETT & DAVID CLARK

DAS NEUE TAO DES WARREN BUFFETT

Neue Investmentweisheiten vom besten Anleger der Welt

Börsenbuchverlag

Die Originalausgabe erschien unter dem Titel
The New Tao of Warren Buffett: Wisdom from Warren Buffett to Help Guide You to Wealth and Make the Best Decisions About Life and Money
ISBN 978-1-6680-6114-5

Übersetzung: Börsenmedien AG, Egbert Neumüller
Gestaltung Cover: Karla Sachs
Gestaltung, Satz und Herstellung: Sabrina Slopek
Lektorat: Claus Rosenkranz
Druck: GGP Media GmbH, Pößneck

ISBN 978-3-68932-015-7

Bibliografische Information der Deutschen Nationalbibliothek:
Die Deutsche Nationalbibliothek verzeichnet diese Publikation in der Deutschen Nationalbibliografie; detaillierte bibliografische Daten sind im Internet über <http://dnb.d-nb.de> abrufbar.

BÖRSEN MEDIEN
AKTIENGESELLSCHAFT

Postfach 1449 • 95305 Kulmbach
Tel: +49 9221 9051-0 • Fax: +49 9221 9051-4444
E-Mail: info@plassen-buchverlage.de
www.boersenbuchverlag.de
www.facebook.com/plassenverlag
www.instagram.com/plassen_buchverlage

Für Charlie Munger
1924-2023

Epigraph

„Es gibt nichts Besseres als einen großartigen Partner … Charlie und ich denken ziemlich ähnlich. Was ich aber auf einer ganzen Seite erklären muss, fasst er in einem Satz zusammen. Und seine Version ist darüber hinaus immer klarer begründet und auch kunstvoller – manche würden vielleicht sagen: unverblümter – formuliert."

– Warren Buffett

„Man muss ständig dazulernen, wenn man ein großartiger Investor werden will. Wenn sich die Welt verändert, muss man sich ebenfalls verändern."

– Charlie Munger[1]

Inhalt

Hinweis für die Leser

Die in diesem Buch enthaltenen Weisheiten von Warren öffnen die Tür zur Erkundung der Investitionsmethodik, die Warren Buffett verwendet hat, um die Kraft des Zinseszinseffekts zu steigern und dabei langfristig weitaus bessere Anlageergebnisse zu erzielen. Sobald Sie erleuchtet sind, werden Sie schockiert sein, wie effektiv und einfach sie anzuwenden ist – dass es, wie Warren sagt, mit durchschnittlicher Intelligenz, mit der Bereitschaft, zu lesen, und dann möglich ist, wenn man lernt, seine Emotionen zu kontrollieren.

Kapitel 1

Warren Buffett über das Verdienen und Bewahren von Geld

Nr. 1

„Die Menschen wären besser dran, wenn sie sagen würden: ‚Ich habe heute ein Unternehmen gekauft', anstatt zu sagen: ‚Ich habe heute eine Aktie gekauft'." [1]

Letztendlich ist der Besitz von Aktien nichts anderes als der Besitz eines Anteils an einem Unternehmen. Die Eigentumsanteile eines Unternehmens werden in Aktien aufgeteilt. Wenn von einem Unternehmen 100.000 Aktien umlaufen und man 10.000 dieser Aktien kauft, besitzt man im Endeffekt zehn Prozent dieses Unternehmens. Wie gut sich das Unternehmen langfristig entwickelt, entscheidet letztlich, wie gut man als Eigentümer der Aktien dieses Unternehmens abschneidet.

Warren erteilt den folgenden Ratschlag, der uns helfen sollen, Aktien als Unternehmen zu betrachten: „Wenn Sie eine Aktie kaufen wollen … nehmen Sie einen Notizblock und notieren Sie die Anzahl der im Umlauf befindlichen Aktien, multiplizieren Sie sie mit dem Aktienkurs und Sie erhalten den Marktwert von XX. Dann fragen Sie sich: Wenn ich so viel Geld hätte, würde ich es für den Kauf dieses Unternehmens ausgeben? Wenn Ihre Antwort ‚Nein' lautet, dann sollten Sie keine einzige Aktie dieses Unternehmens kaufen."

Nr. 2

„Nehmen Sie jährliche Geschäftsergebnisse nicht zu ernst. Konzentrieren Sie sich stattdessen auf 4- oder 5-Jahres-Durchschnitte.“ [2]

Der Nettogewinn eines Unternehmens in einem einzelnen Jahr kann ein unvollständiges Bild der tatsächlichen Situation vermitteln. Manchmal ist das Bild zu rosig, manchmal aber auch zu negativ. Warren schaut sich die Gewinne des Unternehmens über einen Zeitraum von vier oder fünf Jahren an. Er sucht nach Stabilität – mit einer Tendenz nach oben. Ein Unternehmen kann ein ertragsschwaches Jahr haben. Das wird kurzsichtige Investoren abschrecken. Dies wiederum wird die Aktie nach unten treiben. Handelt es sich bei dem Abwärtstrend um ein einmaliges Ereignis, kann dies für den Anleger eine Chance darstellen. Andererseits kann es eine einjährige Ertragsspitze geben, die den Anschein erweckt, dass es dem Unternehmen besser geht, als es tatsächlich der Fall ist, was ahnungslose Anleger dazu verleiten könnte, zu glauben, dass sich ein langsam sterbendes Unternehmen erholt hat, obwohl das gar nicht der Fall ist.

Nr. 3

„Nicht Veränderung ist das, was einem Chancen eröffnet. Was einem Chancen eröffnet, sind andere Menschen, die dumme Dinge tun. Und ich würde sagen, dass es in den 58 Jahren, in denen wir Berkshire betreiben, immer mehr Menschen gegeben hat, die dumme Dinge getan haben.“ [3]

Dumme Sachen passieren, wenn die Kurzsichtigkeit der Börse ein Unternehmen in langfristiger wirtschaftlicher Hinsicht falsch einschätzt. Das bedeutet, dass die Menschen sich im Augenblick verheddern und die langfristigen wirtschaftlichen Vorteile des Unternehmens ignorieren. Hören Sie sich nur einmal die vierteljährlichen Investoren-Calls an, die die meisten großen Unternehmen abhalten – der gesamte Fokus liegt darauf, wie gut das Unternehmen im nächsten Quartal abschneiden wird, ohne dass ein Wort über die langfristigen Aussichten des Unternehmens verloren wird.

An der Wall Street gibt es die Maxime, dass „Wandel“ – neue transformative Technologien – neue Investitionsmöglichkeiten schafft. Das stimmt auch, aber es bedeutet nicht, dass diese Möglichkeiten am Ende auch Geld einbringen. Laut einer Studie der Kauffman Foundation aus dem Jahr 2012 über die „Jahre des Internet-Booms“ wurden in den Vereinigten Staaten zwischen 1995 und 1999 schätzungsweise 400.000 neue Internet-Unternehmen gegründet. Von diesen gingen schätzungsweise 70 Prozent innerhalb von fünf Jahren pleite. Neugründungen – Start-ups – werden immer ein riskantes Geschäft sein, ganz gleich in welcher Branche.

Nr. 4

„Die wahre Probe, ob man als Value-Investor agiert oder nicht, ist, ob es einen interessiert, ob die Börse morgen geöffnet ist. Wenn man eine gute Investition tätigt, sollte es einem nichts ausmachen, wenn die Börse für fünf Jahre geschlossen wird.“ [4]

Warren traf sich alle zwei Jahre mit einer Gruppe von Anlegern, die ebenfalls bei Benjamin Graham an der Columbia University studiert hatten, um über den Aktienmarkt zu diskutieren. Eine Frage, die sie sich jedes Mal stellten, wenn sie sich trafen, war diese: Wenn man für zehn Jahre auf eine einsame Insel gehen, sein gesamtes Geld in eine einzige Aktie investieren und diese zehn Jahre lang liegen lassen müsste, welche Aktie wäre das? Und warum?

Im Jahr 1982 war Warrens Antwort „Capital Cities Communications“ – ein Unternehmen, das Fernseh- und Radiosender besaß und von dem hochtalentierten CEO Tom Murphy geleitet wurde. Warrens Argumentation: Tom war ein großartiger Manager, der mit Geld umgehen konnte, das Unternehmen erwirtschaftete hohe Eigenkapitalrenditen und hatte die besten Gewinnspannen der Fernsehbranche.

Im März 1985 fusionierte Murphy Capital Cities mit dem Fernseh- und Medienriesen ABC. Warren kaufte für 517 Millionen Dollar 20 Millionen Aktien des frisch fusionierten Unternehmens, um Murphy bei der Finanzierung des Deals zu helfen. Zehn Jahre später, im Juli 1995, verkaufte Murphy Capital Cities/ABC für 19 Milliarden Dollar an Disney, wobei Warren für seine 20 Millionen Aktien 2,46 Milliarden Dollar in bar und in Disney-Aktien erhielt. Dies bescherte Warren einen Vorsteuergewinn von 1,88 Milliarden Dollar auf seine ursprüngliche Investition und eine durchschnittliche jährliche Rendite vor Steuern von 16,8 Prozent über die zehn Jahre, in denen er seine Capital Cities/ABC-Aktien hielt.

Nr. 5

„Man muss die Buchhaltung verstehen. Unbedingt. Man muss sie beherrschen wie eine Sprache.“ [5]

Für Warren ist die Buchhaltung beziehungsweise Rechnungslegung die Sprache der Wirtschaft – sie hat die Macht, die wahre Geschichte hinter der finanziellen Verfassung eines Unternehmens aufzudecken. Sie ermöglicht es ihm, die Jahresabschlüsse eines Unternehmens – die Gewinn- und Verlustrechnung und die Bilanz – zu entschlüsseln und eine klare und prägnante Darstellung des Unternehmens zu erstellen. Anhand des Jahresabschlusses kann er herausfinden, ob das Unternehmen einen dauerhaften Wettbewerbsvorteil genießt und wie hoch sein innerer Wert im Verhältnis zum Aktienkurs ist – ob die Aktie ein Schnäppchen ist oder ob sie überbewertet ist. Um ein erfolgreicher Investor auf Warrens Niveau zu sein, muss man die Sprache der Buchhaltung fließend beherrschen.

Bitte beachten Sie: Für den Fall, dass Sie keinen Kurs über Rechnungslegung besucht haben, haben wir ein sehr einfaches und leicht verständliches Buch für Anleger geschrieben, in dem wir erklären, wie Warren Buffett die Rechnungslegung nutzt, um die Finanzberichte eines Unternehmens zu interpretieren. Es heißt „So liest Warren Buffett Unternehmenszahlen“.

Nr. 6

„Die Menschen haben im Grunde drei Möglichkeiten: kurzfristige Baranlagen als Option, später etwas damit zu machen, langfristige Anleihen und langfristig gehaltene Aktien. Und Aktien sind billiger als Anleihen.“ [6]

Bargeld: Das Halten von Bargeld ist in der Regel eine fürchterliche Investition, da die Inflation die Kaufkraft langsam aufzehrt, sodass man mit Fug und Recht sagen kann, dass Bargeld jeden Tag weniger wert wird. Dieser Verlust kann durch die Zinserträge ausgeglichen werden, die das Bargeld abwirft, wenn es in kurzfristigen Einlagezertifikaten, Staatsanleihen, auf einem Bankkonto oder in einem Geldmarktfonds geparkt ist. Für Warren ist „Cash“ ein Wertaufbewahrungsmittel, das darauf wartet, in ein Unternehmen investiert zu werden, das zum richtigen Preis zu haben ist. Wenn Warren den richtigen Preis nicht findet, bleibt er auf seinem Bargeld sitzen, das er in kurzfristige US-Staatsanleihen investiert. Warum kurzfristig? Weil der Wert langfristiger Staatsanleihen fällt, wenn die Zinsen steigen. Genau das ist der Silicon Valley Bank passiert – die Bank kaufte langfristige Staatsanleihen und dann stiegen die Zinsen. Die langfristigen Staatsanleihen verloren so viel an Wert, dass die Bank zahlungsunfähig wurde.

Anleihen: Steigende Zinsen sind eines der Probleme beim Halten langfristiger Anleihen. Das andere ist, dass man je nach Laufzeit der Anleihe für 10, 20, 30 Jahre auf niedrige Zinsen festgelegt ist. Warren hat das einmal so formuliert: „Wenn Sie heute eine 30-jährige Anleihe mit einer Rendite von zwei Prozent kaufen, bezahlen Sie für eine Anlage, deren Erträge 30 Jahre lang nicht mehr steigen können, das 50-Fache ihres Ertrags. Wenn Ihnen jemand eine Aktie verkaufen wollte, deren Erträge 30 Jahre lang nicht steigen können, dann würden

Sie das nicht für eine sehr gute Investition halten." Und warum nicht? Wenn die Inflation bei fünf Prozent pro Jahr liegt, machen Sie mit Ihrer Investition circa drei Prozent Verlust im Jahr (5 % – 2 % = 3 %).

Aktien: Hier wird es interessant. Warren hat erkannt, dass manche Unternehmen außergewöhnliche wirtschaftliche Vorteile genießen, die dazu führen, dass der innere Wert des Unternehmens mit der Zeit steigt. Die Stammaktien dieser erstaunlichen Unternehmen können als eine Art Aktienanleihe mit einem steigenden Zinssatz (Gewinn) betrachtet werden. Als Berkshire 1988 anfing, Coca-Cola-Aktien zu kaufen, erzielte das Unternehmen splitbereinigt einen Gewinn von 0,18 Dollar pro Aktie und steigerte seinen Gewinn pro Aktie mit einer Rate von etwa 15 Prozent pro Jahr. Berkshire bezahlte pro Aktie circa 3,24 Dollar, was einem Kurs-Gewinn-Verhältnis (KGV) von 18 entsprach – für jemanden wie Benjamin Graham, den Doyen der Wall Street und Warrens Mentor, viel zu hoch. Doch Warren sah etwas, das Graham nicht sehen konnte: Die langfristige Wirtschaftlichkeit des Unternehmens machte es bei einem KGV von 18 zu einem Schnäppchen. Er sah in der Coca-Cola-Aktie eine Art Anleihe, die eine anfängliche Rendite von 5,55 Prozent (0,18 Dollar : 3,24 Dollar = 5,55 Prozent) abwarf, die weiter ansteigen würde, wenn der Gewinn pro Aktie von Coca-Cola dank einer Kombination aus Umsatzsteigerung, Aktienrückkäufen und allgemeiner Inflation weiter zunehmen würde. Und er erkannte, dass der Aktienmarkt über mehrere Jahre hinweg den Aktienkurs von Coca-Cola weiter steigen lassen würde, weil die Gewinne des Unternehmens pro Aktie weiter zunehmen würden.

Und wie hat sich Warrens Investition in Coca-Cola entwickelt? Im Jahr 1988 investierte er 1,3 Milliarden Dollar in Coca-Cola. In den letzten 36 Jahren (bis 2024) ist seine Investition auf einen Wert von 24,4 Milliarden Dollar angewachsen und darin sind noch nicht einmal die Dividenden enthalten, die er in den letzten 36 Jahren erhalten hat. Im Jahr 1989 zahlte Coca-Cola 31 Millionen Dollar an Berkshire und bis 2024 hatte Coca-Cola seine Dividendenausschüttung an Berkshire auf 736 Millionen Dollar pro Jahr erhöht. In den letzten 36 Jahren hat Coca-Cola insgesamt 11,5 Milliarden Dollar an Dividenden an Berkshire gezahlt. Damit hat Warren einen Gesamtertrag von 35,9 Milliarden Dollar erzielt, was einer Gesamtrendite von 2.661 Prozent auf seine ursprüngliche Investition aus dem Jahr 1988 entspricht. Mit Coke geht's wirklich besser, auch was Warrens Geld angeht.

Nr. 7

„Aktien werden besser abschneiden als 30-jährige Staatsanleihen und auch besser als Schatzwechsel. Sie werden sich besser entwickeln als Geld, das man unter die Matratze gestopft hat.“ [7]

Der S&P 500 Index, der die 500 größten börsennotierten Unternehmen der Vereinigten Staaten repräsentiert, hat in den letzten zehn Jahren eine durchschnittliche Jahresrendite von 11,2 Prozent erzielt. In den letzten 20 Jahren waren es 9,0 Prozent. Die 30-jährige Staatsanleihe bringt im Jahr 2024 eine Jahresrendite von 4,37 Prozent, der einjährige Schatzwechsel fünf Prozent und das Bargeld unter der Matratze überhaupt nichts.

Warren ist der Meinung, dass man, wenn man bei der Geldanlage nicht weiß, was man tut, mit der Investition in einen ETF (Exchange Traded Fund = börsennotierter Fonds) auf den S&P 500 viel besser bedient wäre. Tatsächlich hat Warren in seinem Testament seinen Treuhänder angewiesen, 90 Prozent des Erbes seiner Frau in einen kostengünstigen ETF auf den S&P 500 und die restlichen zehn Prozent in kurzfristige Staatsanleihen zu investieren. Einen ETF auf den S&P 500 bekommt man bei jedem Onlinebroker.

Nr. 8

„Das Beste, was man tun kann, wenn man ein wunderbares privates Unternehmen besitzt, ist, es einfach zu behalten. Es wird nächstes Jahr und übernächstes Jahr mehr wert sein. Es gibt also keinen Grund, ein wundervolles Unternehmen zu verkaufen, es sei denn wegen äußerer Faktoren.“ [8]

Das Gleiche gilt, wenn man als Privatanleger Aktien eines wunderbaren börsennotierten Unternehmens mit einem dauerhaften Wettbewerbsvorteil besitzt. Die zugrunde liegende Geschäftstätigkeit von Coca-Cola, Apple und American Express wird nächstes und übernächstes Jahr mehr wert sein. Ihre Aktienkurse mögen im Zuge aller möglichen Börsenmanien schwanken, aber der zugrunde liegende Wert der Unternehmen wird weiter steigen. Wenn man sich bei fallendem Markt zu einem günstigen Preis in diese Unternehmen einkauft, ist man für lange Zeit gut gerüstet. Auf diese Weise wurden viele der frühen Berkshire-Investoren zu Milliardären – sie brauchten 50 Jahre, um an diesen Punkt zu kommen, aber die ersten Multimillionäre gab es bereits nach zehn Jahren.

Es gibt Zeiten, in denen man seine Anteile an einem dieser wunderbaren Unternehmen verkaufen muss – die Kinder wollen studieren, man will sich ein Häuschen am Strand kaufen, es wird Erbschaftsteuer fällig. Bei einem Unternehmen in Privatbesitz kann es sein, dass es kein Familienmitglied gibt, das in die Fußstapfen des Eigentümers/Geschäftsführers tritt, oder dass es nach fünf Generationen Dutzende von Eigentümern gibt, die nicht mehr im Unternehmen arbeiten und einfach ihren Anteil flüssig machen wollen. Was auch immer der Grund ist, man sollte niemals ein wunderbares privates Unternehmen verkaufen, um in ein weniger wunderbares börsennotiertes Unternehmen zu investieren. Aber das kommt – ob Sie es glauben oder nicht – immer wieder vor.

Nr. 9

„Ich plädiere nicht für extreme Sparsamkeit. Man hat ja die Wahl und es bringt Vorteile mit sich, wenn man Geld für seine Familie ausgibt, während sie noch jung ist, und ihr auf verschiedene Arten Vergnügen oder Bildung bietet.“ [9]

Die Anhänger des Kultes um „Warren und Charlie“ sind ein ebenso kostenbewusstes Grüppchen wie seine beiden Helden. Doch einige Gläubige gehen so weit, dass sie sich und ihren Familien manche der großartigen Freuden vorenthalten, die der Besitz von Geld mit sich bringt. Um zu sparen, muss man unter seinen Verhältnissen leben, aber ob man Jahr für Jahr weitere fünf oder zehn Prozent unter seinen Verhältnissen lebt, wird hinsichtlich der Größe des Goldtopfs am Ende des Regenbogens keinen großen Unterschied machen. Hingegen zaubert einem der Spaß, die man mit seiner Familie hatte, und die Ausbildung, die man seinen Kindern angedeihen lässt, bis zum Lebensende immer wieder das eine oder andere Lächeln ins Gesicht. Fahren Sie also mit den Kindern nach Disneyland, wohnen Sie in einem schönen Haus, das Sie sich leisten können, und investieren Sie in die Ausbildung Ihrer Kinder; diese drei Dinge werden sich auf viele Jahre hinaus auszahlen.

Denken Sie auf Ihrer Reise durch das Leben einfach an dieses Sparfuchs-Zitat, das oft Charlie zugeschrieben wird: „Die billigeren Plätze in der Touristenklasse kommen immer zur selben Zeit an wie die Plätze in der ersten Klasse.“

Nr. 10

„Ich versuche in Unternehmen zu investieren, die so wunderbar sind, dass ein Idiot sie leiten kann. Denn früher oder später wird es einer tun.“ [10]

Warrens wunderbares, idiotensicheres Unternehmen ist ein Unternehmen mit einem dauerhaften Wettbewerbsvorteil, dessen wirtschaftliche Grundlagen so gut sind, dass selbst ein schwachsinniger Manager es führen und großartige Ergebnisse erzielen kann. Was solche Superunternehmen in der Regel idiotensicher macht, ist, dass das Unternehmen seit hundert Jahren die gleichen Produkte herstellt oder die gleichen Dienstleistungen anbietet.

Hier einige der „hundertjährigen“ idiotensicheren Unternehmen, in die Warren in der Vergangenheit große Investitionen getätigt hat: Coca-Cola Company, Wells Fargo Bank, American Express, Bank of America, Swiss Re, Wrigley's Gum, Kraft Foods, Moody's, BNSF Railway und Mitsubishi Corporation – sie alle verkaufen seit hundert Jahren die gleichen Produkte oder bieten seit hundert Jahren die gleichen Dienstleistungen an! Warren glaubt an die „3-Generationen-Regel“: Wenn drei Generationen Ihrer Familie das gleiche Produkt oder die gleiche Dienstleistung gekauft haben, stehen die Chancen sehr gut, dass die nächsten drei Generationen Ihrer Familie das auch tun werden. Der Oreo-Keks von Nabisco ist über hundert Jahre alt und auch in hundert Jahren werden ein Glas Milch und ein Oreo-Keks immer noch ein Lächeln auf die Gesichter von Kindern in aller Welt zaubern.

Nr. 11

„Es gibt immer Probleme." [11]

Und Probleme bedeuten für Warren Chancen. Aber er vertritt eine ganz eigene Sichtweise. Andere Anleger versuchen vorherzusagen, wann die Probleme auftreten werden. Warren wartet einfach darauf, damit er die niedrigeren Aktienkurse ausnutzen kann. Es kann sein, dass er zwischen den sich durch Probleme ergebenden Kaufgelegenheiten mehrere Jahre lang warten muss. Hier kommen das Temperament und die Geduld ins Spiel – man braucht das richtige Temperament, um geduldig genug zu sein, dass man auf das Auftreten der Probleme warten kann. Schließlich treten die Probleme auf und mit ihnen die niedrigeren Aktienkurse. Manchmal drücken die Probleme sogar auf die Aktienkurse der besten Unternehmen. Hier nur einige der wirklich großen Probleme der letzten 40 Jahre, die die Aktienkurse zum Absturz brachten und Warren potenzielle Kaufgelegenheiten boten:

1. **Schwarzer Montag (19. Oktober 1987):** Der Dow Jones Industrial Average (DJIA) stürzte um 22,6 Prozent ab, der größte prozentuale Rückgang an einem Tag in seiner Geschichte. Der Absturz wurde durch eine Kombination von Faktoren ausgelöst, darunter Programmhandel, steigende Zinsen und Inflationsängste.
2. **Golfkrieg (1990-1991):** Die Invasion Kuwaits durch den Irak im Jahr 1990 führte zu einer Störung des Ölmarkts, die die Ölpreise in die Höhe trieb und Angst vor einer weltweiten Rezession auslöste. Der DJIA fiel von Juli bis Oktober 1990 um 17 Prozent.
3. **Platzen der Dotcom-Blase (2000-2002):** Die Dotcom-Blase wurde durch exzessive Spekulationen mit Technologie-Aktien verursacht. Als sie platzte, kam es von März 2000 bis Oktober 2002 zu einem Rückgang des Nasdaq Composite Index um 78 Prozent.

4. **Anschläge vom 11. September (2001):** Als El Kaida am 11. September 2001 die Zwillingstürme in New York angriff, brach der Aktienmarkt sofort ein – der DJIA fiel innerhalb einer Woche um 14 Prozent.
5. **Immobilien-Crash (2007-2009):** Ein überhitzter Immobilienmarkt, der durch Subprime-Hypotheken und lockere Kreditvergabepraktiken angeheizt wurde, führte dazu, dass Hausbesitzer ihre Hypothekendarlehen nicht mehr bedienen konnten. Die Ausfälle wirkten sich negativ auf Hypothekenanleihen im Wert von mehreren Billionen Dollar aus, was zum schlimmsten Börsencrash seit der Großen Depression führte. Der DJIA fiel von Oktober 2007 bis März 2009 um 54 Prozent.
6. **Zusammenbruch von Lehman Brothers (15. September 2008):** Die 158 Jahre alte Wall-Street-Investmentbank Lehman Brothers meldete aufgrund von Zahlungsausfällen bei Hypothekenanleihen Konkurs an, was zu einer Panik im gesamten globalen Finanzsystem führte.
7. **Europäische Staatsschuldenkrise (2010-2012):** Die Befürchtung, dass Griechenland mit seinen Staatsschulden in Verzug geraten könnte, führte zu einem Rückgang des europäischen Aktienmarkts.
8. **Erdbeben und Tsunami in Japan (2011):** Das verheerende Erdbeben und der Tsunami in Japan verwüsteten die Küsten und beschädigten Kernkraftwerke schwer, was zu einer Panik auf dem japanischen Aktienmarkt führte.
9. **Brexit (2016):** Der Austritt des Vereinigten Königreichs aus der Europäischen Union führte zu einem Rückgang des Wechselkurses des Britischen Pfund und zu einem Ausverkauf an den Aktienmärkten der Welt.
10. **COVID-19-Pandemie (2020):** Die Pandemie sorgte für weltweiten Stillstand und wirtschaftliche Unsicherheit, was im März 2020 zu einem Börsencrash führte, bei dem der S&P 500 um fast 34 Prozent fiel.

Nr. 12

„Das Beste, was uns passieren kann, ist, dass ein großartiges Unternehmen vorübergehend in Schwierigkeiten gerät. … Wir wollen es kaufen, wenn es auf dem Operationstisch liegt.“ [12]

Eines der ersten Unternehmen, das Warren kaufte und das zeitweilig Probleme hatte, war Berkshire Hathaway selbst. Das Textilgeschäft von Berkshire befand sich in einer zyklischen Rezession (Warren betrachtet eine zyklische Rezession als vorübergehendes Problem), die Berkshire-Aktie notierte niedrig und wurde zu einem Preis von 12,50 Dollar gehandelt, während der Buchwert pro Aktie bei 19 Dollar lag. Eigentlich kaufte Warren die Berkshire-Aktie wegen ihrer Unterbewertung. Er hatte ursprünglich die Absicht, sie zu verkaufen, wenn das Unternehmen die zyklische Rezession hinter sich hätte. Stattdessen kaufte er schließlich genügend Berkshire-Aktien, um die Kontrolle über das Unternehmen zu übernehmen, und nutzte dann das Betriebskapital des Unternehmens, um weitaus rentablere Unternehmen zu kaufen.

Ähnliche Kaufgelegenheiten durch „vorübergehende Schwierigkeiten“ ergaben sich, als Warren American Express während des Salatölskandals im Jahr 1963 kaufte (bei dem Führungskräfte der Allied Crude Vegetable Oil Company für ein Darlehen von American Express gefälschte Sicherheiten einsetzten); bei GEICO im Jahr 1976, als das Unternehmen fast in Konkurs ging; bei R. J. Reynolds Industries (Tabakunternehmen) im Jahr 1982, als es wegen staatlicher Regulierung, Gerichtsverfahren und einer Rezession in Schwierigkeiten geriet; und bei Coca-Cola im Jahr 1988, als der Aktienkurs aufgrund des Debakels um New Coke (das Unternehmen versuchte den Geschmack von Cola zu ändern) und des allgemeinen Kursrutschs am „Schwarzen Montag“

einbrach (Warren betrachtet „panische“ Kursstürze als vorübergehendes Problem). Wenn Sie also sehen, dass ein großartiges Unternehmen ein „vorübergehendes Problem“ hat, das den Aktienkurs drückt, können Sie darauf wetten, dass Sie auch Warren begegnen werden, der nach einem Schnäppchen Ausschau hält.

Nr. 13

„Wenn man seine Emotionen kontrollieren kann, ist dieses Spiel einfach. Wenn man ein junger Investor ist und sich zurücklehnen kann, um Aktien als Unternehmen zu bewerten und dann zu investieren, wenn sie sehr billig sind, egal was irgendjemand sagt, und sie vielleicht, wenn man möchte, zu verkaufen, wenn die Menschen auf einmal furchtbar begeistert sind, dann ist das wirklich kein sehr schwieriges intellektuelles Spiel.“ [13]

Dieses Zitat gefällt uns sehr gut, denn es bringt auf den Punkt, was Warren tut und warum er so erfolgreich ist. Lernen Sie, wie man Unternehmen bewertet. Ignorieren Sie die Nachrichten über die Gesamtwirtschaft. Kaufen Sie, wenn die Anleger pessimistisch und die Aktien billig sind. Und verkaufen Sie sie – sofern Sie es wollen –, wenn die Menschen wieder von Aktien begeistert sind. Zu lernen, seine Gefühle zu kontrollieren, ist ein Prozess, der Zeit braucht. Um Warrens Lieblingsmantra noch einmal zu wiederholen: *„Sei ängstlich, wenn andere gierig sind, und gierig, wenn andere ängstlich sind.“*

Kapitel 2

Warren Buffett über die Wichtigkeit von Unternehmen mit einem dauerhaften Wettbewerbsvorteil

Nr. 14

„Ursprünglich brachte mir Graham bei, in Unternehmen zu investieren, die quantitativ gesehen billig waren – ich nenne das den Zigarrenstummel-Ansatz beim Aktienkauf: Man geht die Straße entlang und sucht nach aufgerauchten Zigarrenstummeln, die noch ein paar Züge hergeben. Das habe ich jahrelang gemacht – und das war ein Fehler ... Es ist viel einfacher, Geld zu verdienen, indem man ein wunderbares Unternehmen zu einem guten Preis kauft, als wenn man ein gutes Unternehmen zu einem wunderbaren Preis kauft.“ [1]

Benjamin Graham lehrte Warren, einem Unternehmen einen Wert beizumessen und es zu kaufen, wenn es mit einem Abschlag zu diesem Wert verkauft wird. Graham nannte den Abschlag seine „Sicherheitsmarge“ – er glaubte, dass sie ihn vor Verlusten schützte. Sobald das Unternehmen seinen „inneren Wert“ erreicht hatte, verkaufte Graham es. Und wenn der Wert des Unternehmens innerhalb von drei Jahren nicht stieg, verkaufte er es trotzdem. Die langfristigen wirtschaftlichen Ausssichten des Unternehmens ließ Graham außer acht. Das interessierte ihn nicht.

In der Hausse der späten 1960er-Jahre begannen diese Graham'schen „Value“-Titel zu verschwinden. In dieser Zeit erkannte Warren mit Charlies Hilfe so langsam, dass bestimmte Unternehmen einen „langfristigen dauerhaften Wettbewerbsvorteil“ besaßen, der eine Art „immerwährenden Wertzuwachs“ schuf, der ihre Besitzer märchenhaft wohlhabend machte, wenn sie die Aktie länger hielten. Solche Unternehmen werden nie zu Preisen verkauft, die Graham verlockend gefunden hätte, aber sie werden in Bärenmärkten gelegentlich zu Preisen verkauft, die Warren angesichts ihrer hervorragenden langfristigen Wirtschaftlichkeit für gut hält.

Nr. 15

„Die Produkte oder Dienstleistungen, die von einem breiten, nachhaltigen Burggraben umgeben sind, sind diejenigen, die für Anleger lohnenswert sind.“ [2]

Warren durchlief in seinen Bemühungen, die wirtschaftliche Natur von „exzellenten Unternehmen“ zu beschreiben, eine Art Evolution. In seinen Anfängen beschrieb er sie als Unternehmen, die ein „Verbrauchermonopol“ besaßen, was bedeutet, dass die Verbraucher, wenn sie ein bestimmtes Produkt oder eine bestimmte Dienstleistung wollten, nur an dieses Unternehmen dachten. Dann begann er, sie als „Unternehmen, die in den Köpfen der Verbraucher verankert sind“, zu beschreiben. Dies bezog sich wiederum darauf, dass sie an ein bestimmtes Produkt oder eine bestimmte Dienstleistung denken, wenn bei ihnen der Bedarf besteht. Er würde beispielsweise sagen: Disney ist in den Köpfen der Verbraucher verankert.

Später erklärte Warren, dass es sich bei einem exzellenten Unternehmen um ein Unternehmen mit Produkten oder Dienstleistungen handelt, das einen „breiten, nachhaltigen Burggraben um sich herum“ hat. Dies bedeutet, dass ein Markenname und die Wirtschaftlichkeit des Unternehmens es vor Konkurrenten schützt. Und schließlich verwendete er die Formulierung eines Unternehmens mit einem „dauerhaften Wettbewerbsvorteil“, um zu erklären, wie ein exzellentes Unternehmen aussieht. Der „dauerhafte Wettbewerbsvorteil“ ist der breite Burggraben. Der Trick besteht darin, ein Unternehmen mit einem dauerhaften Wettbewerbsvorteil zu identifizieren und es dann zu einem Preis zu kaufen, der wirtschaftlich sinnvoll ist. Die Gleichung hat zwei Seiten. (Auf Warrens Methoden zur Bewertung eines Unternehmens gehen wir später noch in den Kapiteln 5, 10 und 18 ein).

Nr. 16

„Der Schlüssel zur Geldanlage liegt nicht in der Einschätzung, wie stark eine Branche die Gesellschaft beeinflussen wird oder wie stark sie wachsen wird, sondern in der Ermittlung des Wettbewerbsvorteils eines bestimmten Unternehmens und vor allem in der Dauerhaftigkeit dieses Vorteils.“ [3]

In Warrens Welt bedeutet ein „Wettbewerbsvorteil“, dass man einen wirtschaftlichen Vorteil hat, den die Konkurrenten nicht haben. „Dauerhaft“ bedeutet, dass das Unternehmen einen langen Atem hat und vermutlich nicht von der Konkurrenz geschwächt wird.

Unternehmen mit einem „dauerhaften Wettbewerbsvorteil“ gibt es in verschiedenen Geschmacksrichtungen: (1) Es gibt Unternehmen, die „einzigartige Dienstleistungen“ anbieten und eine Art Markentreue schaffen, die es schwer macht, mit ihnen zu konkurrieren. Beispiele hierfür sind Amazon, Google, American Express und Ebay. (2) Unternehmen, die „Billigstanbieter“ sind – dies sind in der Regel „Volumenverkäufer“ mit hohen Stückzahlen. Sie haben niedrigere Betriebskosten, die es ihnen ermöglichen, günstigere Preise zu verlangen und trotzdem ihre Gewinnspanne zu halten. Die günstigeren Preise schaffen Kundentreue – in Form von wiederkehrenden Kunden, die viel Umsatzvolumen generieren. Beispiele hierfür sind die Einzelhandels-Riesen Costco und Nebraska Furniture Mart. (3) Unternehmen mit „starken Marken“ – Produkte, die eine Kundenbindung schaffen, die es einem Konkurrenten sehr schwer macht, in ihren Markt einzutreten. Für Warren ist ein markanter Markenname gleichbedeutend damit, in den Köpfen der Verbraucher verankert zu sein. Coca-Cola und Apple sind zwei perfekte Beispiele für dieses Phänomen.

Coca-Cola vertreibt ein Produkt, das sich seit seiner Markteinführung im Jahr 1886 nicht wirklich verändert hat. Coca-Cola beherrscht 46

Prozent des gesamten amerikanischen Marktes für Erfrischungsgetränke und 17 Prozent des Weltmarkts. Seine 138-jährige Geschichte und seine starke Marktposition sind gute Indikatoren dafür, dass Coca-Cola in den Köpfen der Verbraucher verankert ist und einen dauerhaften Wettbewerbsvorteil genießt.

Seit 2007 verkauft Apple ein Verbraucherprodukt – das iPhone –, das ständig verbessert wird und das für die Menschen nicht mehr wegzudenken ist. Sie telefonieren mit dem iPhone, verschicken Nachrichten, fotografieren und filmen damit, lassen sich den Weg weisen, informieren sich über die Wettervorhersage, nutzen es als Geldbörse, erledigen Bankgeschäfte, lesen Bücher, kaufen Konzert- und Kinokarten und finden sogar ihre Kinder, wenn diese sich verlaufen haben. Apples iPhones lassen jeden einzelnen von uns auf eine unendliche Menge an Wissen im Internet zugreifen. Nicht nur ist der Name Apple iPhone in unseren Köpfen verankert, sondern auch jede einzelne Anwendung auf dem iPhone. Nach nur 17 Jahren hat Apple einen Anteil von 56 Prozent am amerikanischen Smartphone-Markt und 17 Prozent am Weltmarkt. Die Marktdurchdringung des iPhones von Apple und seine 17-jährige Geschichte sind sehr gute Indikatoren dafür, dass das Unternehmen mit dem iPhone einen dauerhaften Wettbewerbsvorteil genießt.

Sobald Sie einen „Markennamen" identifiziert haben, der in den Köpfen der Verbraucher verankert ist, müssen Sie sich die Finanzdaten des Unternehmens ansehen. Sind die Nettoeinnahmen konstant und/oder im Aufwärtstrend? Erzielt das Unternehmen eine hohe Eigenkapitalrendite? Ist die Verschuldung gering? Kauft es seine Aktien zurück? Alle diese Finanzkennzahlen sind Merkmale von Unternehmen, die über einen dauerhaften Wettbewerbsvorteil verfügen, und das sind die Unternehmen, in die Warren gern investiert. Warren investiert jedoch nur in diese Unternehmen, wenn sie zu einem Preis verkauft werden, der für ihn aus der Perspektive des Kaufs des gesamten Unternehmens sinnvoll ist.

Nr. 17

„Wir wollen ein Unternehmen mit einem dauerhaften Wettbewerbsvorteil, wir wollen ein Unternehmen, das wir verstehen, und wir wollen ein Management, das wir mögen und dem wir vertrauen. Und dann wollen wir einen Preis, der sinnvoll ist.“ [4]

Für Warren genießt ein Unternehmen mit einem Wettbewerbsvorteil gegenüber seinen Konkurrenten die Freiheit, die Preise zu erhöhen, wodurch sich die Gewinnspannen erhöhen, wodurch sich der Nettogewinn erhöht, wodurch der Wert des Unternehmens steigt. „Dauerhaft“ bedeutet, dass der Wettbewerbsvorteil einfach immer weiterbesteht – denken Sie an Coca-Cola, das seit über hundert Jahren im Geschäft ist. „Ein Unternehmen, das wir verstehen“, bedeutet, dass Warren das Wesen des Unternehmens versteht, was ihm ermöglicht, die Finanzen zu durchleuchten – was ihm hilft, herauszufinden, ob das Unternehmen einen dauerhaften Wettbewerbsvorteil genießt, den es nutzen kann. Dann muss Warren das Management mögen und ihm vertrauen, denn schließlich vertraut er ihm „sein“ Geld an. Und schließlich ist da noch die Frage des Preises, der ökonomisch „sinnvoll“ sein muss, und an dieser Stelle erleiden die Menschen mit Warrens Gleichung oft Schiffbruch. Es kann sich um ein Unternehmen mit einem dauerhaften Wettbewerbsvorteil handeln in einer Branche, die er versteht, mit einem Management, dem er vertraut. Wenn er es aber nicht zu einem Preis kaufen kann, der für ihn aus ökonomischer Sicht sinnvoll ist, ist er nicht interessiert. Er ist nicht interessiert und Sie sollten es auch nicht sein.

Nr. 18

„Es gibt einige ziemlich gute Burggräben. Der Produzent mit den niedrigsten Kosten zu sein ist zum Beispiel ein überaus bedeutender Graben." [5]

Nicht alle Unternehmen, die über einen dauerhaften Wettbewerbsvorteil verfügen, haben Markenprodukte im Angebot, mit denen sie gutes Geld verdienen; einige sind einfach der kostengünstigste Hersteller in einem ansonsten hart umkämpften Markt. Die Tatsache, dass sie ein kostengünstiger Hersteller sind, sichert ihnen eine größere Gewinnspanne als ihren Konkurrenten – was bedeutet, dass sie unter dem Strich mehr Geld verdienen. Einige der kostengünstigen Anbieter, die Berkshire besitzt: Die Versicherungsgesellschaft GEICO ist ein Low-Cost-Unternehmen, weil sie direkt an die Kunden verkauft; sie muss keine Vertreter für den Verkauf ihrer Versicherungen bezahlen. Die Eisenbahngesellschaft BNSF hat bei Langstrecken einen Kostenvorteil gegenüber Lastwagen, sodass es billiger ist, Güter mit der Bahn zu transportieren als mit dem Lkw. Nebraska Furniture Mart ist ein kostengünstigen Unternehmen, weil seine Lagerhäuser und Einzelhandelsgebäude ihm selbst gehören und es daher keine Miete zahlen muss, was bedeutet, dass es niedrigere Fixkosten hat als seine Konkurrenten. Fruit of the Loom – durch Automatisierung und Optimierung der Lieferkette behauptet das Unternehmen seine Position als kostengünstiger Hersteller von Unterwäsche im mittleren Marktsegment.

Nr. 19

„Ich würde das Kreditkartengeschäft nicht als Ein-Modell-Branche betrachten, genauso wenig wie ich das Autogeschäft im Wesentlichen als Ein-Modell-Branche betrachten würde. Ich meine, Ferrari wird eine Menge Geld verdienen, aber sie werden es nur in einem Marktsegment tun.“ [6]

Was wir Ihnen hier verdeutlichen wollen, ist, dass das Phänomen eines dauerhaften Wettbewerbsvorteils *in einem Segment* eines bestimmten Marktes auftreten kann. American Express hat sich auf das obere Ende des Kreditkartenmarkts konzentriert. Das Unternehmen ist sowohl ein Kartenaussteller als auch ein Zahlungsnetzwerk. Es kann von den Karteninhabern eine Jahresgebühr verlangen und auch eine Gebühr von den Händlern. Visa und Mastercard sind – obwohl sie phänomenal profitabel sind – in erster Linie Zahlungsnetzwerke. Alle drei verdienen eine Menge Geld. Aber es war American Express, das sich einen dauerhaften Wettbewerbsvorteil verschaffte, indem es sich auf das Marktsegment der Premiumnutzer konzentrierte – und Dienstleistungen wie kostenlosen Zugang zu exklusiven Fluglinien-Lounges, kostenlose Upgrades auf 5-Sterne-Hotels, kostenlose Reiseversicherungen, Niederlassungen in 140 verschiedenen Ländern und Ersatz für verlorene Karten über Nacht anbot.

Ein weiteres Phänomen, das einen Grund für Warrens Kauf von American Express darstellte, sind die Aktienrückkäufe. Im Zeitraum von 1993 bis 1995 erwarb Warren zehn Prozent der umlaufenden Aktien von American Express für 1,392 Milliarden Dollar. Er hat nie wieder einen Cent dafür ausgegeben. Durch die Aktienrückkäufe von American Express in den letzten 29 Jahren hat sich der Anteil von Berkshire an dem Unternehmen von zehn Prozent im Jahr 1995 auf 20

Prozent im Jahr 2024 erhöht. Diese 20 Prozent sind auf einen Wert von etwa 32,4 Milliarden Dollar angewachsen und werfen jährlich 362 Millionen Dollar an Dividenden ab. Anstatt seine einbehaltenen Gewinne für fragwürdige, hochpreisige Übernahmen auszugeben, hat American Express seine eigenen Aktien zurückgekauft und seine Aktionäre, einschließlich Warren, noch reicher gemacht.

Kapitel 3

Warren Buffetts grundlegende Anlageprinzipien

Nr. 20

„Wenn du klug bist, brauchst du nicht viel Geld. Und wenn du dumm bist, hilft dir kein Geld der Welt.“ [1]

Wenn Sie klug sind, werden Sie die Macht des Zinseszinses verstehen. Sie werden den Unterschied kennen zwischen einem Unternehmen, das einen dauerhaften Wettbewerbsvorteil genießt, und einem, das keinen genießt. Und Sie werden wissen, wie man ein Unternehmen bewertet, um festzustellen, ob es über- oder unterbewertet ist. Mit diesem Wissen können Sie sogar einen kleinen Geldbetrag exponentiell anwachsen lassen, bis er Millionen von Dollar beträgt. Doch wenn Sie dumm sind, werden Sie, selbst wenn Sie mit Millionen beginnen, irgendwann alles verlieren.

Nr. 21

„Das Wichtigste ist, zu wissen,
was man weiß, und zu wissen,
was man nicht weiß.“ [2]

Das Geheimnis hinter Warrens beispiellosem Erfolg ist nicht sein unglaublicher Intellekt oder dass er das allwissende Orakel von Omaha wäre. Tatsächlich ist es genau das Gegenteil. Es geht für ihn darum, zu wissen, was er nicht weiß. Das hält Warren davon ab, Investitionsentscheidungen zu treffen, für die er nicht qualifiziert ist.

Ein Buchhalter würde eine Torheit begehen, wenn er versuchen würde, Doktor zu spielen. Warren geht es mit Investments genauso. Es gibt Unternehmen, bei denen er keine Ahnung hat, wie sie zu bewerten sind, und deshalb verzichtet er auf sie. Dann gibt es Unternehmen, die er versteht und bei denen er fest davon überzeugt ist, qualifiziert zu sein, sie zu bewerten – und diese haben ihn superreich gemacht.

Warren bezeichnet die Welt der Unternehmen, die er gut genug versteht, um sie zu bewerten, als seinen „Kompetenzkreis“ – was bedeutet, dass er von seiner Fähigkeit, sie zu bewerten, überzeugt ist. Wenn er Unternehmen sicher bewerten kann, kann er auch mit Bestimmtheit sagen, ob der Aktienmarkt sie unter- oder überbewertet. Für Warren macht die Fähigkeit, zu erkennen, wann der Markt ein Unternehmen unterbewertet, den Weg zum großen Geld frei.

Nr. 22

„Spare nicht, was nach dem Ausgeben übrig bleibt; gib aus, was nach dem Sparen übrig bleibt.“ [3]

Man wird reich, indem man sein Geld für sich arbeiten lässt, aber das wird nicht passieren, wenn man nicht zuerst Geld gespart hat, um die erste Investition tätigen zu können. Die meisten Menschen verschaffen sich das erste Geld, das sie anlegen können, dadurch, dass sie einen Prozentsatz ihres Gehalts sparen.

Als Teenager war Warren besessen davon, etwas von dem Geld zu sparen, das er mit seinen verschiedenen kleinen Geschäften verdiente. Diese Besessenheit, Geld zu sparen, brachte eine Abneigung mit sich, es auszugeben. Warren war so abgeneigt, Geld auszugeben, dass er noch lange, nachdem er Multimillionär geworden war, einen alten VW Käfer fuhr. Er wohnt immer noch in demselben Haus, für das er 1957 31.500 Dollar bezahlt hat. In Warrens Fall machte das Sparen viel mehr Spaß als das Geldausgeben, es sei denn natürlich, er kaufte Aktien.

Nr. 23

„Mein Reichtum ist eine Kombination daraus,
dass ich in Amerika lebe, ein paar guten Genen
und dem Zinseszinseffekt.“ [4]

Der geniale Physiker Albert Einstein sagte einmal: „Der Zinseszins ist das achte Weltwunder. Wer ihn versteht, verdient ihn … Derjenige, der ihn nicht versteht, bezahlt ihn.“ Warren hat dies schon früh in seinem Leben beherzigt und es war wirklich das Geschenk, das immer weiter schenkte.

Und so funktioniert der Zinseszins: 50.000 Dollar sind bei einem jährlichen Zins von zehn Prozent nach einem Jahr 55.000 Dollar wert, nach zwei Jahren 60.500 Dollar, nach drei Jahren 66.550 Dollar. Nach zehn Jahren sind sie 129.687 Dollar wert. Nach 20 Jahren: 336.375 Dollar. Nach 30 Jahren: 872.470 Dollar. Nach 40 Jahren: 2.262.962 Dollar. Nach 50 Jahren: 5.869.542 Dollar.

In den ersten zehn Jahren haben wir 79.687 Dollar an Zinsen für unsere Investition von 50.000 Dollar erhalten. Aber zwischen dem zehnten und dem zwanzigsten Jahr haben wir 206.688 Dollar an Zinsen verdient. Und zwischen dem zwanzigsten und dreißigsten Jahr haben wir 536.095 Dollar an Zinsen verdient. In den Jahren 30 bis 40 haben wir 1.390.492 Dollar an Zinsen verdient. Zwischen den Jahren 40 und 50 haben wir 3.606.580 Dollar an Zinsen eingenommen. Je größer der Topf wird, desto mehr Zinsen erhalten wir, wodurch der Topf noch größer wird.

Als Warren Berkshire Hathaway übernahm, stellte er die Dividendenausschüttungen des Unternehmens ein, damit die gesamten Erträge von Berkshire aufgehäuft werden konnten. Mit seinem Investitionsgeschick sorgte Warren dafür, dass sich das Eigenkapital von Berkshire 59 Jahre lang mit der phänomenalen Rate von 18,55 Prozent pro Jahr vermehrte, sodass das Eigenkapital von 24,5 Millionen Dollar im Jahr 1965 auf schätzungsweise 561,2 Milliarden Dollar im Jahr 2024 anstieg, was einem Gesamtgewinn von 2.290.512 Prozent entspricht. Als Reaktion auf den Anstieg des Aktienkapitals stieg der Marktpreis der A-Aktie von Berkshire von 1965 bis 2024 von 12,50 Dollar auf 632.000 Dollar, was einer jährlichen Wachstumsrate von etwa 20,15 Prozent entspricht.

Anmerkung: Unsere Investition von 50.000 Dollar wäre bei einem Jahreszins von 20,15 Prozent über 59 Jahre hinweg 2,52 Milliarden Dollar wert geworden und genau so wurden einige von Warrens frühen Investoren zu Milliardären.

Nr. 24

„Im Hinblick auf Investments braucht man zwei Kurse an einer Business School: zum einen, wie man ein Unternehmen bewertet, und zum anderen, wie man über Aktienmarktschwankungen denkt.“ [5]

Wenn Warren an der Business School einen Kurs über die Bewertung von Unternehmen halten würde, würde er den Studenten beibringen, dass es im Wesentlichen zwei Arten von Unternehmen gibt: (1) Unternehmen, die Massenprodukte verkaufen, bei denen es einen starken Preiswettbewerb, niedrige Gewinnspannen, geringe Eigenkapitalrenditen und schwankende Nettoerträge gibt. Das sind die Unternehmen, die man nicht besitzen sollte. (2) Außergewöhnliche Unternehmen, die über einen dauerhaften Wettbewerbsvorteil verfügen, der sich in geringem Preiswettbewerb, hohen Gewinnspannen, hohen Eigenkapitalrenditen und konstanten Gewinnen äußert, und die ihre Aktien zurückkaufen. Dies sind die richtigen Unternehmen, die man besitzen sollte, und sobald sie identifiziert sind, würde Warren den Studenten erklären, wie sie erkennen können, ob sie zu einem Preis verkauft werden, bei dem es ökonomisch sinnvoll ist, sie zu kaufen.

In Warrens Kurs über Aktienmarktschwankungen würde er eine historische Studie darüber präsentieren, welche Marktkräfte Kaufgelegenheiten schaffen. Er würde den Studenten die Geschichte der Ereignisse und Kräfte vermitteln, die die Aktienkurse dramatisch beeinflussen. Er würde erläutern, was sie von irrsinnigen Höchstständen zu deprimierenden Tiefstständen treibt und wie diese Ereignisse die Aktienkurse von Unternehmen mit einem dauerhaften Wettbewerbsvorteil beeinflussen und dabei für Investitionsmöglichkeiten sorgen können.

Nr. 25

„Man will zwar nicht in seinem gesamten Leben emotionslos sein, aber man will definitiv emotionslos sein, wenn man eine Anlage- oder Geschäftsentscheidung trifft.“ [6]

Warrens Investitionsentscheidungen – nach Abwägung der wirtschaftlichen Aspekte des Unternehmens und des von ihm gezahlten Preises – beruhen einzig und allein darauf, ob er glaubt, dass er für sein Geld einen guten Gegenwert erhält oder nicht. Er ist in der Hinsicht sehr kaltblütig. Wenn er in seiner Anfangszeit eine Position hatte, die ihm Geld einbrachte, verkaufte er sie, auch wenn er das Unternehmen liebte, in einer Nanosekunde, wenn etwas Besseres auftauchte, und hielt sich an den neuen Kandidaten. Er kaufte und verkaufte sein Lieblingsunternehmen Capital Cities Communications mehrmals, bevor er sich für eine langfristige Position entschied. Das ist der Grund, warum Warren auf eine Börsenpanik nicht mit Angst reagiert. Sein Mangel an Emotionen ermöglicht es ihm, langfristige Werte zu erkennen und zu kaufen, wenn alle anderen zum Notausgang rennen. Das ist auch der Grund, warum er sich nicht von der Euphorie eines Bullenmarkts anstecken lässt und am Ende irrsinnige Preise für Unternehmen zahlt.

Nr. 26

„Bei der Bewertung im Zeitverlauf sind natürlich die Zinssätze der wichtigste Faktor. Wenn die Zinsen auf einem sehr niedrigen Niveau verharren … ist jeder Ertragsstrom aus Investitionen mehr Geld wert.“ [7]

Nehmen wir an, Unternehmen A erwirtschaftet konstant einen Gewinn von zehn Millionen Dollar pro Jahr. In einer Welt mit einem Zinssatz von zehn Prozent müssten wir 100 Millionen Dollar in Anleihen investieren, die zehn Prozent Zinsen abwerfen, um zehn Millionen Dollar pro Jahr zu verdienen. Warren würde argumentieren, dass das Unternehmen A bei einem Zinssatz von zehn Prozent 100 Millionen Dollar wert ist (100 Millionen Dollar × 10 Prozent = 10 Millionen Dollar).

Nehmen wir nun an, die Zinsen sinken auf zwei Prozent. Wir müssten 500 Millionen Dollar in Anleihen investieren, die zwei Prozent abwerfen, um zehn Millionen Dollar pro Jahr zu verdienen (500 Millionen Dollar × 2 Prozent = 10 Millionen Dollar). Warren würde argumentieren, dass die Erträge von Unternehmen A in Höhe von zehn Millionen Dollar pro Jahr jetzt 500 Millionen Dollar wert sind, wenn man den Zinssatz von zwei Prozent zugrunde legt.

Die gleiche umgekehrte Beziehung besteht auch bei der Abzinsung der künftigen Cashflows eines Unternehmens auf den Gegenwartswert. Je höher der Abzinsungssatz, desto niedriger der Gegenwartswert. Je niedriger der Abzinsungssatz, desto höher der Gegenwartswert. So hätte eine Zahlung von zehn Millionen Dollar pro Jahr über zehn Jahre, abgezinst auf den Gegenwartswert mit einem Zinssatz von zehn Prozent, einen Gegenwartswert von 61,3 Millionen Dollar. Bei einem Abzinsungssatz von zwei Prozent hätte eine Zahlung von zehn Millionen Dollar pro Jahr über zehn Jahre einen Gegenwartswert von 89,4 Millionen Dollar.

Wenn die Zinsen sinken, steigt der relative Wert dessen, was Unternehmen verdienen, und schließlich werden auch die Aktienkurse steigen. Wenn die Zinssätze jedoch steigen, sinkt der relative Wert dessen, was die Unternehmen verdienen, und die Aktienkurse werden schließlich ebenfalls sinken.

Nr. 27

„Natürlich sind Gewinne sehr viel mehr wert, wenn die Rendite von Staatsanleihen ein Prozent beträgt, als wenn die Rendite von Staatsanleihen fünf Prozent beträgt.“ [8]

Für Warren hängen alle Anlagebewertungen unweigerlich mit den Zinsen zusammen. Wenn Sie eine Apple-Aktie besäßen und diese im Jahr 2023 6,43 Dollar pro Aktie einbrächte, müssten Sie 128 Dollar in eine fünfprozentige Staatsanleihe investieren, um 6,43 Dollar zu erhalten. In einer Welt mit einprozentigen Staatsanleihen bräuchten Sie dagegen 643 Dollar, die in einprozentige Staatsanleihen investiert sind, um 6,43 Dollar zu erhalten. Wenn also die Zinssätze sinken, steigen die Aktienkurse „tendenziell“. Und wenn die Zinssätze steigen, „tendieren“ die Aktienkurse nach unten. Warum Staatsanleihen? Wenn es sich um Staatsanleihen der Vereinigten Staaten handelt, gelten sie als ausfallsicher. Im Jahr 2024 wurden zehnjährige US-Staatsanleihen zu 4,3 Prozent gehandelt, was den Gewinnen von Apple in Höhe von 6,43 Dollar pro Aktie einen relativen Wert von 149 Dollar pro Aktie verlieh, während die Apple-Aktie im Jahr 2024 ein Allzeithoch von 225 Dollar erreichte, was 66 Prozent über ihrem relativen Wert von 149 Dollar lag. Warren reagierte auf diese Überbewertung, indem er begann, seine Apple-Beteiligungen zu verkaufen. Selbst die besten Unternehmen können überbewertet werden – und wenn das der Fall ist, reduziert Warren oft seine Positionen.

Nr. 28

„Wir mögen es, viel Geld zu haben, um sehr schnell und sehr groß operieren zu können. Wir wissen, dass wir diese Gelegenheiten nicht oft bekommen werden … In den nächsten 20 oder 30 Jahren wird es zwei oder drei Gelegenheiten geben, bei denen es Gold regnet und man nur nach draußen zu gehen braucht. Aber wir wissen nicht, wann das der Fall sein wird. Und wir haben eine Menge Geld zu investieren.“ [9]

Charlie hat es immer so formuliert: „Man muss sehr geduldig sein. Man muss warten, bis sich etwas ergibt, was bei dem Preis, den man zahlt, leichtfällt. Das widerspricht der menschlichen Natur – den ganzen Tag dazusitzen, nichts zu tun und zu warten. Für uns ist das einfach, wir haben eine Menge anderer Dinge zu tun. Aber können Sie sich vorstellen, dass ein normaler Mensch fünf Jahre lang einfach nur dasitzt und nichts tut? Man fühlt sich inaktiv, man fühlt sich unnütz, also tut man etwas Dummes.“ Dies ist nicht die Anlagestrategie irgendeines Fondsmanagers irgendwo auf der Welt. Halte Milliarden in bar und warte darauf, dass die Welt zusammenbricht. Es stimmt aber: Etwa alle zehn Jahre kollabiert die Finanzwelt und die Aktienkurse brechen auf breiter Front ein. Es geschah im Jahr 2000, als die Internetblase platzte, es geschah 2008 bis 2009, als die Wall Street mit den hypothekenbesicherten Anleihen implodierte, es geschah 2020 mit dem COVID-Shutdown und es wird wieder und wieder passieren. Und wenn es so weit ist, werden die Aktienkurse einbrechen und die Zentralbanken der Welt werden das tun, was sie immer tun: Sie werden tonnenweise Geld drucken, um uns aus der Krise herauszuholen, was sich letztlich positiv auf die Aktienkurse auswirken wird. Die Hedgefonds, Investmentfonds und Investmentgesellschaften der Welt können Warrens Wartespiel nicht spielen, sie können nicht auf Bargeld sitzen und auf die Mega-Gelegenheit warten. Aber Warren kann es. Und Sie können es auch!

Nr. 29

„Gelegenheiten gibt es nur selten. Wenn es Gold regnet, hol den Eimer raus, nicht den Fingerhut.“ [10]

Warren spricht oft über Temperament. Er hebt darauf ab, dass man die Geduld hat, auf die richtige Gelegenheit zu warten. Wie er selbst zugibt, hat er manchmal mehrere Jahre lang geduldig auf die richtige Investitionsgelegenheit gewartet. Und wenn sich diese Gelegenheit dann endlich ergibt, nutzt er sie voll aus und kauft im großen Stil.

In den 1980er-Jahren gab Warren 1,3 Milliarden Dollar für Coca-Cola-Aktien aus, die, wie gesagt, heute, im Jahr 2024, etwa 24,4 Milliarden Dollar wert sind; und in den 1990er-Jahren gab er 1,4 Milliarden Dollar für American-Express-Aktien aus, die heute etwa 32,4 Milliarden Dollar wert sind. In den 2000er-Jahren kaufte er Aktien von Bank of America im Wert von 14 Milliarden Dollar, die im Jahr 2024, als er begann, seine Position zu verkleinern, etwa 35,1 Milliarden Dollar wert waren; und in den 2010er-Jahren gab er 31 Milliarden Dollar für Apple-Aktien aus, die Anfang 2024 satte 176,8 Milliarden Dollar wert waren, bevor er begann, seine Position zu verkaufen. Investieren Sie viel und gewinnen Sie viel – indem Sie in Warrens Fußstapfen treten und Aktien eines Unternehmens mit einem dauerhaften Wettbewerbsvorteil kaufen, und zwar zu einem Preis, der aus ökonomischer Sicht sinnvoll ist.

Nr. 30

„Es gibt viele Unternehmen, die ich nicht kaufen würde, selbst wenn ich das Management für das wunderbarste der Welt halten würde, weil sie einfach in der falschen Sparte tätig sind.“ [11]

Dies geht auf eine Aussage Warrens aus den 1990er-Jahren zurück: „Wenn ein Management mit einem herausragenden Ruf sich einem Unternehmen widmet, das für seine schlechte fundamentale Wirtschaftlichkeit bekannt ist, behält der Ruf des Unternehmens die Oberhand.“ Es gibt Unternehmen, deren wirtschaftliche Grundlagen so schlecht sind, dass selbst die besten Manager der Welt sie nicht verbessern können. Dabei handelt es sich in der Regel um Unternehmen, die eine Ware oder Dienstleistung mit Massencharakter verkaufen, bei der ein starker Preiswettbewerb herrscht und die in der Vergangenheit einen sich wiederholenden Zyklus von Aufschwüngen und Abschwüngen erlebt haben. In den Boomjahren übersteigt die Nachfrage das Angebot, was zu riesigen Gewinnspannen führt, aber in den Jahren des Abschwungs macht die geringe Nachfrage die Gewinnspannen zunichte und die Fixkosten machen ihnen schließlich den Garaus. Sie können solche Unternehmen leicht an ihrer unstetigen Gewinnentwicklung erkennen – in manchen Jahren machen sie Verluste, in anderen Jahren sind sie sehr profitabel. Sie kaufen nie ihre Aktien zurück und sind in der Regel hoch verschuldet. All das signalisiert Ihnen, dass es das falsche Unternehmen ist – egal, wie hoch der Verkaufspreis ist.

Kapitel 4

Warren Buffett über die Dynamik der Aktienmärkte

Nr. 31

„Die Börse ist ein Instrument, um Geld von den Ungeduldigen zu den Geduldigen zu transferieren.“ [1]

Der Aktienmarkt besteht hauptsächlich aus ungeduldigen, kurzsichtigen Spekulanten, die sich als Investoren ausgeben. Diese Kurzsichtigkeit veranlasst sie dazu, Aktien zu kaufen und zu verkaufen, ohne die langfristige Wirtschaftlichkeit des Unternehmens zu berücksichtigen. All diese Spekulationen treiben die Aktienkurse manchmal in lächerliche Höhen und manchmal in irrsinnige Tiefen, wobei die langfristige Wirtschaftlichkeit des zugrunde liegenden Unternehmens völlig außer Acht gelassen wird.

Warren kauft, wenn die kurzsichtigen Spekulanten den Aktienkurs unter den langfristigen wirtschaftlichen Wert des Unternehmens drücken. Dann wartet er geduldig ab, denn er weiß, dass die zugrunde liegende Wirtschaftlichkeit des Unternehmens den Aktienkurs schließlich wieder nach oben drehen lassen wird, um ihn an den langfristigen wirtschaftlichen Wert anzupassen.

Nr. 32

„Ich habe keine Ahnung, wohin sich die Märkte morgen oder übermorgen oder im nächsten Monat oder im nächsten Jahr entwickeln werden. Ich weiß nur, dass Aktien am Ende in der Regel zu dem Preis verkauft werden, den sie wert sind. Zumindest in dem Bereich dessen, was sie wert sind. Dazwischen gibt es immer wieder Schwankungen, aber am Ende tendieren sie zu ihrem wahren Wert." [2]

Warrens 83-jährige Erfahrung mit dem Kauf und Verkauf von Aktien hat ihn gelehrt, dass die Aktien eines Unternehmens, egal wie hoch sie steigen oder wie tief sie fallen mögen, irgendwann zu ihrem wahren Wert als Geld verdienendes Unternehmen verkauft werden. Wenn der kurzsichtige Aktienmarkt ein Unternehmen im Vergleich zu seiner zugrunde liegenden langfristigen Wirtschaftlichkeit unterbewertet, weiß Warren, dass der Markt den Aktienkurs des Unternehmens schließlich wieder nach oben korrigieren wird, um diesen Wert widerzuspiegeln. Und genau damit macht er sein Geld.

Nr. 33

„Die besten Zeiten für den Einsatz von Kapital sind die, in denen es bergab geht.“ [3]

Warren ist bestrebt, Kapital einzusetzen oder Aktien zu kaufen, wenn die Kurse sinken. Er wartet geduldig auf ein sogenanntes Schwarzer-Schwan-Ereignis, also ein unerwartetes Ereignis, das zu einem Rückgang der Aktienkurse führt. Ein „Schwarzer Schwan“ kann einzelne Unternehmen, bestimmte Marktsegmente, ganze Branchen und ganze Märkte betreffen.

Warren begann mit dem Kauf von American Express während der „Salatölkrise“ im Jahr 1963, die die Aktie in den Keller trieb. Während des Börsencrashs 1973/1974 kaufte Warren Aktien von Disney und der *Washington Post* und er kaufte das gesamte Unternehmen See's Candies. Während des Börsenabschwungs von 1988 begann Warren, Aktien der Coca-Cola Company zu kaufen (er sah einen langfristigen wirtschaftlichen Wert, den der Aktienmarkt nicht erkennen konnte, weil er zu kurzfristig ausgerichtet war).

Während des Internet-Booms der späten 1990er-Jahre, als nicht börsennotierte Unternehmen mit festen Standorten billig verkauft wurden, weil sie keine Internet-Unternehmen waren und nur ein begrenztes Wachstumspotenzial hatten, kaufte er Nebraska Furniture Mart (ein privates Unternehmen). Als die Internetblase im Jahr 2000 platzte und den gesamten Markt in den Abgrund riss, beteiligte sich Warren an der Ratingfirma Moody's. In der Finanzkrise von 2008, die zum Zusammenbruch von Finanzunternehmen führte, investierte er in Goldman Sachs. Im Jahr 2009, als der Markt immer noch am Boden lag, kaufte er BNSF Railway. Als der Aktienmarkt in der letzten Hälfte des Jahres 2016 einen Rückgang erlebte, begann Warren, Apple-Aktien zu kaufen.

Nr. 34

„Ich kenne niemanden, dem es gelungen ist, mit der Vorhersage des Marktgeschehens wirklich viel Geld zu verdienen. Ich kenne eine Menge Leute, die gut damit gefahren sind, Unternehmen auszuwählen und sie zu vernünftigen Preisen zu kaufen.“ [4]

Warren ist kein Mann, der versucht, vorherzusagen, wann der nächste Schwarze Schwan den Aktienmarkt in den Abgrund reißen wird. Aber er ist ein Mann, der darauf wartet, dass ein Schwarzer Schwan den Aktienmarkt zum Absturz bringt. Das sind zwei verschiedene Dinge. Zu versuchen, den Zeitpunkt vorherzusagen, ist ein fast unmögliches Unterfangen. Es ist hingegen einfach, einen Vorteil daraus zu ziehen, wenn es passiert. Für das eine braucht man die Einsicht eines Wahrsagers, um vorauszusagen, wann etwas in der Zukunft passieren wird; für das andere braucht man nur viel Geduld, um auf das Unvermeidliche zu warten. Und dieses Phänomen kann bei einzelnen Unternehmen zu jeder Zeit und in jedem Markt auftreten – ein einmaliges Ereignis lässt die Aktien eines Unternehmens für ein oder zwei Jahre abstürzen und bietet Warren eine Kaufgelegenheit, während er auf den nächsten schwarzen Schwan wartet, der in sein Leben schwimmt und den gesamten Markt ins Wanken bringt!

Nr. 35

„Wir finden, dass jedes Unternehmen, das einen Volkswirt beschäftigt, einen Mitarbeiter zu viel hat.“ [5]

Warren fügte hinzu: „Ich kann mich nicht erinnern, jemals eine Akquisition aufgrund von makroökonomischen Faktoren getätigt oder abgelehnt zu haben. Ob es nun See's Candy oder die Bahngesellschaft BNSF war, wir haben beide zu einem im Hinblick auf die allgemeine Wirtschaftslage schrecklichen Zeitpunkt gekauft.“

Es ist schwer zu glauben, dass Warren makroökonomische Ereignisse nicht berücksichtigt, wenn es darum geht, Unternehmen zu kaufen oder in den Aktienmarkt zu investieren, aber das tut er nicht. Warren interessiert sich nicht für die Inflationsrate. Es ist ihm egal, ob die Federal Reserve Bank die Zinsen erhöht oder senkt. Er kümmert sich nicht um den Ölpreis oder das aktuelle BIP des Landes. Warren konzentriert sich darauf, herauszufinden, wie hoch die durchschnittliche Rentabilität des Unternehmens im Laufe der Zeit sein wird, wie stark sein Wettbewerbsvorteil ist und ob der geforderte Preis wirtschaftlich sinnvoll ist. Warren ist der Ansicht, dass das derzeitige makroökonomische Umfeld keine Rolle spielt, da er das Unternehmen mit der Absicht kauft, es für 20 oder mehr Jahre zu halten.

Charlie drückte es folgendermaßen aus: „Wir sind im Leben so gut wie nie dadurch vorangekommen, dass wir versucht haben, diese makroökonomischen Faktoren vorherzusagen. Wir haben es im Grunde genommen aufgegeben. Wir schwimmen einfach die ganze Zeit und überlassen es den Gezeiten, sich selbst zu regeln.“

Nr. 36

„Denken Sie daran, dass der Aktienmarkt manisch-depressiv ist." [6]

Warrens Mentor Benjamin Graham lehrte ihn, sich den Aktienmarkt als eine Person namens Mr. Market vorzustellen. Jeden Tag bietet einem Mr. Market einen Preis an, zu dem er bereit ist, Aktien eines Unternehmens zu kaufen oder zu verkaufen. Mr. Market ist jedoch kein rationaler Akteur. Er lässt sich von seinen Emotionen leiten und schwankt wild zwischen Optimismus und Pessimismus, unabhängig von der zugrunde liegenden Wirtschaftlichkeit des Unternehmens selbst.

Wenn Mr. Market in einer manischen Phase ist, sieht er unter jedem Stein Gold. Er glaubt, dass der Aktienkurs des Unternehmens astronomisch steigen wird und der Zeitpunkt zum Kauf JETZT ist! In dieser Phase werden die Anleger von Euphorie, Gier und der Angst getrieben, etwas zu verpassen. In solchen Momenten kauft Mr. Market Aktien zu stark überhöhten Preisen, ohne sich der potenziellen Gefahr bewusst zu sein, dass er für ein zu viel Unternehmen bezahlt. In diesen Momenten der Marktbegeisterung und der daraus resultierenden hohen Preise zieht sich Warren vom Markt zurück und vermeidet es, irgendetwas zu kaufen.

Dann gibt es andere Zeiten, in denen Mr. Market deprimiert ist und nur finsteres Verhängnis sieht. Er glaubt, dass die Finanzwelt am Rande des Zusammenbruchs steht, und er beginnt, Aktien zu Tiefstpreisen zu verkaufen. Dies ist der Moment, in dem die Anleger von Angst und Panik ergriffen werden und ihre Aktien zu Preisen verkaufen, die unter dem inneren Wert der zugrunde liegenden Unternehmen liegen. Dies ist der Zeitpunkt, an dem Warren sich für den Kauf von Aktien begeistert.

Warren hat entdeckt, dass der Schlüssel zum Navigieren durch diesen manisch-depressiven Markt im Verständnis des Unterschieds zwischen Preis und Wert liegt. Im Gegensatz zu Mr. Market, der sich von Emotionen leiten lässt, ist Warren auf den **inneren Wert** eines Unternehmens fokussiert – seine langfristigen Perspektiven, seinen dauerhaften Wettbewerbsvorteil. Und er achtet auf den Preis, den er zahlt. Je niedriger der Preis ist, desto mehr Interesse hat er an der Investition. Warren weiß auch, dass die depressiven Phasen des Marktes nicht ewig andauern und dass die Investments, die er gerade zu Schnäppchenpreisen gekauft hat, im Wert stark ansteigen werden, wenn die Euphorie des Marktes zurückkehrt.

Nr. 37

„Manchmal ist der Aktienmarkt sehr anlage-orientiert … Und ein andermal ist er fast vollständig ein Casino … eine Spielhölle. Wir sind von falsch bewerteten Unternehmen abhängig, und zwar durch einen Mechanismus, aufgrund dessen wir nicht für die falsche Bewertung verantwortlich sind. Und insgesamt haben wir schon vor langer Zeit gelernt, dass man keinen hohen IQ braucht. Man braucht nur die richtige Einstellung.“ [7]

Diese beiden Aussagen bringen Warrens Theorie auf den Punkt, dass sich der Aktienmarkt durch einen massiven „Glücksspiel“-Aspekt auszeichnet, der gelegentlich wunderbare Unternehmen „fehlbewertet“. Wenn dies der Fall ist, ist es an der Zeit, Anteile an diesen großartigen Unternehmen zu kaufen. Um dies als Anleger zu tun, braucht man keine enorme Intelligenz, sondern nur die richtige Einstellung oder das richtige Temperament, um genau das Gegenteil von dem zu tun, was die Zocker tun. Wenn die Zocker übermäßig enthusiastisch sind (Bullenmarkt), verwahrt man sein Geld, und man kauft, wenn die Zocker panisch verkaufen und die Unternehmen falsch bewerten (Bärenmarkt). Man braucht kein Anlagegenie sein, um Warrens Anlagestrategie umzusetzen – man muss nur das Temperament besitzen, das Gegenteil von dem zu tun, was die Zocker tun. Man kann dies mit einzelnen Unternehmen tun, wenn man bereit ist, Nachforschungen anzustellen; oder man kann einen ETF auf den S&P 500 kaufen, wenn man sich einfach zurücklehnen und die Fahrt genießen will.

Nr. 38

„Wenn wir uns den Aktienmarkt ansehen, sehen wir jeden Tag Tausende und Abertausende von Unternehmen, die bewertet werden, und wir ignorieren 99,9 Prozent von dem, was wir sehen, obwohl unsere Blicke über sie schweifen. Und dann sehen wir hin und wieder etwas, das für uns als Unternehmen attraktiv bewertet zu sein scheint.“ [8]

Für Warren handelt es sich nicht um einen „Aktienmarkt“, sondern einen „Unternehmensmarkt“, auf dem Beteiligungen an Unternehmen gekauft und verkauft werden. Er kauft ganze Unternehmen und Beteiligungen an einzelnen Unternehmen.

Aber die Börse ist nicht nur ein Markt, auf dem Eigentumsanteile an Unternehmen gekauft und verkauft werden, sondern auch ein Spielcasino mit einem Volumen von über 60 Billionen Dollar, in dem riesige Investmentfonds Wetten in Höhe von zig Millionen Dollar auf die kurzfristigen Kursbewegungen der Aktien dieser einzelnen Unternehmen abschließen. Ein Beispiel für die enorme Anzahl von Spielern in diesem Casino: Es gibt allein 6.559 verschiedene Investmentfonds, die in Apple-Aktien investiert sind.

Manchmal schätzen diese riesigen Investmentfonds die kurzfristigen Aussichten eines Unternehmens zu optimistisch ein und überbewerten das Unternehmen im Verhältnis zu seiner langfristigen Wirtschaftlichkeit. Manchmal sind die Investmentfonds zu pessimistisch, was die kurzfristigen Aussichten eines Unternehmens angeht, und verschleudern die Aktien im Verhältnis zu den zugrunde liegenden langfristigen Wirtschaftsdaten. Wenn die Investmentfonds die kurzfristigen Aussichten eines Unternehmens pessimistisch einschätzen und dessen Aktien verschleudern, entdeckt Warren manchmal ein „wunderbares Unternehmen“, das zu einem attraktiven Preis verkauft wird.

Nr. 39

„Ein Unternehmen, das ständig mit großen Veränderungen konfrontiert ist, kann sehr fehleranfällig sein. Außerdem ist ein wirtschaftliches Terrain, das sich ständig erheblich verschiebt, ein Boden, auf dem es schwierig ist, ein festungsartiges Geschäftsmodell aufzubauen.“ [9]

Warren fügt hinzu: „Die Erfahrung zeigt, dass die besten Geschäftsergebnisse in der Regel von Unternehmen erzielt werden, die etwas tun, was sie schon vor fünf Jahren getan haben.“ Wenn ein Unternehmen in einer Branche tätig ist, die sich ständig verändert, muss es ein Vermögen für Forschung und Entwicklung, für die Umrüstung von Anlagen und die Umschulung von Mitarbeitern ausgeben, um im Spiel zu bleiben. Eine Coca-Cola-Abfüllanlage bleibt so lange in Betrieb, bis die Maschinen abgenutzt sind. Nicht so bei einem Hersteller von Siliziumchips, der jedes Mal umrüsten muss, wenn er seine Chips aufrüstet, und der ständig damit konfrontiert ist, dass seine Anlagen veraltet sind, lange bevor die Maschinen abgenutzt sind. Die Umrüstung einer Siliziumchip-Fabrik kann Jahre dauern und Milliarden kosten.

Der ständige Wandel ist eines der großen Probleme der Automobil- und Lkw-Hersteller. Jedes neue Modell verursacht enorme Kosten für die Umrüstung der Produktionsanlagen. Unternehmen, die sich ständig verändern, sind diejenigen, die Warren zu meiden gelernt hat.

Nr. 40

„Investitionserfolg hängt davon ab, dass man sich in die richtigen Unternehmen zum richtigen Preis einkauft. Man muss wissen, wie man Unternehmen bewerten kann, und man muss eine Einstellung haben, bei der man sich nicht vom Markt beeinflussen lässt. Man will nicht, dass einen der Markt beeinflusst, sondern dass er einem dient.“ [10]

Die Börse als Diener. Das ist ein interessantes Konzept. Der Aktienmarkt dient Warren, indem er gelegentlich wunderbare Unternehmen fehlbewertet, die auf lange Sicht wirtschaftlich gut dastehen. Dass der Markt nicht dazu da ist, „einen zu beeinflussen“, bedeutet laut Warren, dass man sich nicht so sehr von einer Börsenpanik anstecken lässt, dass man alles verkauft und Angst davor hat, in angeschlagene Unternehmen mit einem dauerhaften Wettbewerbsvorteil zu investieren. Auch sollte man nicht so sehr in einen Bullenmarkt-Kaufrausch verfallen, dass man für diese Unternehmen am Ende irrsinnige Preise bezahlt.

Kapitel 5

Warren Buffett über den richtigen Preis, den man für ein Unternehmen oder eine Aktie bezahlen sollte

Nr. 41

„Eine Aktie kann ein guter oder ein schlechter Kauf sein, es kommt nur auf den Preis an.“ [1]

Was ist ein guter Kauf? Was ist ein schlechter Kauf? Das hängt vom Preis ab – denn der Preis, den man bezahlt, bestimmt letztendlich die Rendite.

Das wollen wir Ihnen vorführen: Von 2016 bis 2020 gab Warren rund 31 Milliarden Dollar für den Kauf von Apple-Aktien aus – bei einem durchschnittlichen Kurs von 34 Dollar und einem durchschnittlichen Kurs-Gewinn-Verhältnis von rund 16 – und erwarb damit rund 907 Millionen Apple-Aktien.

Hätte Warren jedoch den Höchstkurs von Apple im Jahr 2020 von 68 Dollar pro Aktie – oder das 32-Fache des Gewinns – gezahlt, hätte er mit seinen 31 Milliarden Dollar nur 455 Millionen Apple-Aktien kaufen können.

Anfang 2024 notierte die Apple-Aktie bei 195 Dollar und Warrens 907 Millionen Aktien waren 176,8 Milliarden Dollar wert – was ihm bei seiner ursprünglichen Investition von 31 Milliarden Dollar einen Gewinn von 145,8 Milliarden Dollar und eine Gesamtrendite von 470 Prozent bescherte.

Hätte er jedoch für seine Apple-Aktien den hohen Preis von 68 Dollar gezahlt, zu dem sie 2020 gehandelt wurden – ein KGV von 32 –, hätte er für seine 31 Milliarden Dollar 455 Millionen Apple-Aktien erhalten, die bei 195 Dollar pro Aktie im Jahr 2024 88,7 Milliarden Dollar wert wären – was ihm bei seiner ursprünglichen Investition von 31 Milliarden Dollar einen Gewinn von 57,7 Milliarden Dollar und eine Gesamtrendite von 186 Prozent beschert hätte.

Je höher der Aktienkurs beim Kauf, desto niedriger die Rendite. Je niedriger der Kaufpreis, desto höher die Rendite. Bei einem KGV von 32 hätte Warren die Finger von Apple gelassen, aber bei einem KGV von 16 war es ein großartiger Kauf.

Nr. 42

„Man kann für ein wunderbares Geschäft zu viel bezahlen … Man kann jede Investition in ein schlechtes Geschäft verwandeln, wenn man dafür zu viel bezahlt.“ [2]

Ein Unternehmen erzielt 50 Millionen Dollar Nettogewinn pro Jahr. Und das schafft es Jahr für Jahr, was es zu einem wunderbaren Unternehmen macht. Nehmen wir nun an, wir sind von dem Unternehmen begeistert und bezahlen dafür das 50-Fache des Gewinns – 2,5 Milliarden Dollar. Unsere jährliche Rendite beträgt zwei Prozent auf unsere Investition von 2,5 Milliarden Dollar. Das bedeutet, dass wir vergleichsweise besser dran gewesen wären, wenn wir in 30-jährige Staatsanleihen investiert hätten, die eine Rendite von 4,37 Prozent abwerfen und uns 109,2 Millionen Dollar pro Jahr einbringen würden.

Dies ist ein Beispiel dafür, dass wir zu viel für ein wunderbares Unternehmen bezahlt haben. Es ist immer noch ein wunderbares Unternehmen, das immer noch 50 Millionen Dollar pro Jahr einbringt, aber bei dem Preis, den wir dafür bezahlt haben, dem 50-Fachen des Gewinns – 2,5 Milliarden Dollar –, haben wir die großartige zugrunde liegende Wirtschaftlichkeit für uns als Käufer zunichte gemacht und damit ein wunderbares Unternehmen in ein schlechtes Geschäft verwandelt.

Nr. 43

„Wir werden uns kein Unternehmen ansehen und sagen: ‚Unabhängig vom Preis werden wir es kaufen', denn wir kaufen nichts, wenn der Ausdruck ‚unabhängig vom Preis' fällt." [3]

Das ist die von Warren gelebte Preisdisziplin und sie ist sein Schlüssel, um wirklich reich zu werden. Der Preis, den man bezahlt, bestimmt die Rendite. Je niedriger der Preis, den man zahlt, desto höher ist die Rendite. Je höher der Preis, den man zahlt, desto geringer ist die Rendite. Unternehmen mit einem dauerhaften Wettbewerbsvorteil tendieren dazu, in einer Hausse stark überbewertet zu werden. Das ist der falsche Zeitpunkt, sie zu kaufen. Und in einem Bärenmarkt können Unternehmen mit einem dauerhaften Wettbewerbsvorteil stark unterbewertet sein. Das ist dann der richtige Zeitpunkt, sie zu kaufen.

Halten Sie also Ihr Geld zusammen, erstellen Sie eine Liste von 15 Unternehmen, bei denen Sie dauerhafte Wettbewerbsvorteile sehen, warten Sie auf den nächsten „Panik"-Abverkauf und gehen Sie dann mit Ihrem Ersparten auf Schnäppchenjagd. Und kaufen Sie niemals ein Unternehmen „unabhängig vom Preis".

Nr. 44

„Was man also wirklich will, ist ein Unternehmen, dessen Kurse die Inflation widerspiegeln und mit nicht zu hohen Kapitalinvestitionen, die die Inflation widerspiegeln.“ [4]

Warren spricht von „Preisflexibilität“ in Bezug auf die Inflation, was bedeutet, dass ein Unternehmen seine Preise problemlos an die steigenden Material- und Lohnkosten anpassen kann. Dadurch wird sichergestellt, dass die Gewinnspannen des Unternehmens trotz des Inflationsdrucks, der den Wert untergräbt, gesund bleiben. Unternehmen in wettbewerbsintensiven Märkten haben damit zu kämpfen, weil sie über den Preis miteinander konkurrieren, was ihnen ihre Preisflexibilität nimmt.

Warren spricht auch davon, dass ein Unternehmen geringe laufende Kosten für Investitionen hat, die dem Inflationsdruck ausgesetzt sind. Wenn ein Unternehmen ständig in Ausrüstung, Infrastruktur oder andere Vermögenswerte investieren muss, wird die Inflation diese Kosten im Laufe der Zeit erhöhen und die Rentabilität schmälern. Unternehmen mit einem geringen laufenden Investitionsbedarf sind in einer viel besseren Position, um mit dem Inflationsdruck zurechtzukommen.

Das perfekte Beispiel für ein Geschäft mit flexibler Preisgestaltung und geringem Bedarf an laufenden Kapitalinvestitionen sind die Schmuck-Einzelhandelsgeschäfte von Berkshire. Da die Inflation die Gehälter prozentual steigen lässt, geben die Menschen das Gleiche aus wie immer. Und die Diamant-Ohrringe, die vor 20 Jahren noch 5.000 Dollar pro Paar kosteten, werden heute für 12.000 Dollar pro Paar verkauft. Der Preisaufschlag bei Schmuck ist hoch – in der Regel 50 Prozent oder mehr des Verkaufspreises. Wenn die Diamantohrringe 5.000 Dollar pro Paar kosten, macht das Juweliergeschäft einen Gewinn von 2.500 Dollar. Wenn sie nun 12.000 Dollar pro Paar kosten, macht das Juweliergeschäft 6.000 Dollar Gewinn. Und im Gegensatz zum Bekleidungsgeschäft gibt es im Schmuckgeschäft keine Produktveralterung. Genau das Gegenteil ist der Fall: Die Diamanten im Inventar des Juweliergeschäfts steigen jedes Jahr im Wert. Und das Juweliergeschäft hat so gut wie keine Investitionsausgaben – der Tresor des Geschäfts ist 100 Jahre alt, die Schmuckkästen sind alle 50 Jahre alt und abgesehen davon, dass die Kassen ab und zu modernisiert werden, ist das so ziemlich alles, wenn das Geschäft einmal eingerichtet ist. In Warrens Heimatstadt Omaha haben drei Generationen ihren Schmuck bei Borsheims gekauft – das sich im Besitz von Berkshire befindet –, und es ist völlig absehbar, dass auch die nächsten drei Generationen dies tun werden.

Nr. 45

„Die Preise vollführen auf den Wertpapiermärkten erstaunliche Dinge. Und wenn sie etwas tun, das uns als erstaunlich in unserer Richtung erscheint, werden wir handeln. Aber wir wissen heute nicht, was wir morgen tun werden.“ [5]

Im Sommer und Herbst 2002, nach der Dotcom-Pleite und den Anschlägen vom 11. September 2001, brach der Markt für Schrottanleihen zusammen und die Kurse fielen so stark, dass viele Junkbonds bis zur Fälligkeit eine Rendite von 30 bis 35 Prozent abwarfen. Warren gab acht Milliarden Dollar aus, um Schrottanleihen von Unternehmen zu kaufen, die er verstand. Zu seinen Käufen von Schrottanleihen im Jahr 2002 sagte Warren: „Interessanterweise fielen einige dieser Wertpapiere, die 30 oder 35 Prozent Rendite abwarfen, innerhalb von zwölf Monaten auf Kurse, bei denen sie nur noch sechs Prozent abwarfen. Ich finde, das ist wirklich bemerkenswert, wenn man bedenkt, dass dies in einem Land geschah, das sich nicht in einer Depression oder Ähnlichem befand.“ Als die Rendite der Schrottanleihen wieder sank, stieg der Preis der Schrottanleihen. Es wird berichtet, dass Warren innerhalb eines Jahres mit seiner Investition von acht Milliarden Dollar bis zu 30 Prozent verdient hat. Heißt das nun, dass Warren regelmäßig Schrottanleihen kauft? Nein. Es bedeutet nur, dass Warren, wenn sich ihm eine Gelegenheit bietet, diese in großem Stil wahrnimmt.

Nr. 46

„Wir wollten schon immer ganze Unternehmen erwerben. Wir haben nur festgestellt, dass wir in den meisten Fällen viel mehr für unser Geld bekommen, wenn wir wunderbare Unternehmen an der Börse kaufen, als wenn wir ein ganzes Unternehmen auf dem Verhandlungsweg erwerben.“ [6]

Warren hätte niemals die gesamte Coca-Cola Company zu einem KGV von 15 kaufen können, aber in der Börsenbaisse von 1988 kaufte er 3,8 Prozent des Unternehmens zu einem KGV von 15 für 592 Millionen Dollar. Er hätte auch niemals Apple zu einem KGV von 16 kaufen können, aber er kaufte 3,3 Prozent des Unternehmens zu einem KGV von 16 für 20 Milliarden Dollar während des globalen Abschwungs 2016/2017. Warren hat im Laufe der Jahre wiederholt erklärt, dass er bei einem verhandelten Kauf eines ganzen Unternehmens nie einen Schnäppchenpreis erzielt, sondern bestenfalls auf einen fairen Kaufpreis hoffen kann. Aber gelegentlich macht der kurzsichtige Aktienmarkt in einer Baisse verrückte Dinge und bietet kleine Teile einiger der besten Unternehmen der Welt zu unerhörten Preisen an.

Warum kauft Warren also nicht einfach das gesamte Unternehmen während des Ausverkaufs an der Börse? Dafür gibt es zwei Gründe: (1) Der Kurs der Unternehmensaktien bleibt nicht lange genug niedrig, damit Warren mehr Aktien zum attraktiven Schnäppchenpreis erwerben kann, und (2) da Warren oft 500 Millionen Dollar oder mehr für den Kauf von Unternehmensaktien ausgibt, kann er tatsächlich dazu beitragen, einen gefallenen Aktienkurs wieder nach oben und aus seiner „Schnäppchen“-Preisspanne herauszutreiben. Diejenigen von uns, die mit kleineren Geldbeträgen arbeiten, werden von diesen beiden Problemen nicht geplagt.

Kapitel 6

Warren Buffett über Anlageberater

Nr. 47

„Wir finden, dass die Bezeichnung ‚Investoren' für Institutionen, die aktiv handeln, so ist, als würde man jemanden, der wiederholt One-Night-Stands hat, als Romantiker bezeichnen." [1]

Okay – halten wir einen Moment inne und denken wir ernsthaft darüber nach: Warren hat den kurzfristigen Aktienhandel immer als Einladung zur Torheit betrachtet, weil es sich dabei um eine reine Spekulation handelt, bei der man auf die kurzfristigen wirtschaftlichen Winde und die Richtungsdynamik einer einzelnen Aktie oder eines ganzen Marktes wettet. Das ist nie eine sichere Sache. Die Ironie liegt darin, dass Warren zwar die Torheit dieser Spekulationen erkennt und vom kurzfristigen Handel abrät, dass aber gerade dadurch alle seine Anlagemöglichkeiten entstehen. Man schätzt, dass bis zu 90 Prozent aller Investmentfonds kurzfristig ausgerichtet sind. Die Anleger steigen bei jeder wirtschaftlichen Laune in Aktien ein und aus: Die Zinsen steigen – raus! Die Zinssätze sinken – kaufen! KI ist das nächste große Ding – kaufen! Griechenland wird seine Anleihen nicht mehr bedienen können – verkaufen! Die Europäische Zentralbank eilt zur Rettung – kaufen! Die Banken an der Wall Street gehen unter – alles verkaufen!

All diese „Goldrausch"-Käufe der Investmentfonds führen zu aufgeblähten Aktienkursen, die oft völlig losgelöst von der langfristigen wirtschaftlichen Realität der betreffenden Unternehmen sind. Panikverkäufe bewirken genau das Gegenteil – sie können zu deflationären Aktienkursen führen, die nur einen Bruchteil dessen ausmachen, was die Unternehmen für einen langfristigen Investor wie Warren wert sind. Im Grunde genommen sind es die Panikverkäufe der kurzfristigen Aktienhändler, die Warren ein Lächeln ins Gesicht zaubern. Und jetzt kommt der lustige Teil: Dieses Phänomen des kurzfristigen Handels, der „Panikverkäufe“ hat Warren in den letzten 70 Jahren goldene Eier beschert. Und es wird auch in den nächsten 70 Jahren immer wieder goldene Gelegenheiten hervorbringen, denn, wie wir schon sagten: Diese kurzfristigen Händler (die sich selbst Investoren nennen) machen 90 Prozent des Marktes aus. Für Warren sind das die Menschen, die ihn superreich gemacht haben.

Nr. 48

„Ein Geschäft, bei dem jemand sagt: ‚Du solltest 60 Prozent deines Geldes in Anleihen und 40 Prozent in Aktien anlegen.' So etwas machen wir nicht mit. Ich meine, wir halten das für Unsinn." [2]

Anlageberater nutzen oft Finanzprognosen bezüglich der Wirtschaft, um Ihr Geld von Rentenfonds in Aktienfonds umzuschichten. Sie erklären Ihnen: „Die Finanzprognosen sagen für das kommende Jahr einen Rückgang des Aktienmarkts voraus, daher empfehlen wir eine Neugewichtung Ihres Portfolios von 70 Prozent Aktien und 30 Prozent Anleihen auf 30 Prozent Aktien und 70 Prozent Anleihen." Ein Jahr später empfehlen sie erneut eine Neugewichtung Ihres Portfolios und im nächsten Jahr tun sie es wieder. Dies ist eine der Dienstleistungen, die sie anbieten, um ihre jährliche Gebühr zu rechtfertigen. Warren hält eine Neugewichtung des Portfolios für unsinnig, weil er nicht glaubt, dass irgendjemand vorhersagen kann, wie sich der Aktienmarkt im kommenden Jahr entwickeln wird. Er glaubt zwar, dass der Aktienmarkt in den nächsten zehn Jahren im Allgemeinen steigen wird, aber das jährliche Auf und Ab vorherzusagen ist bestenfalls ein Ratespiel.

Nr. 49

„Die Wall Street – eine Gemeinschaft, in der Qualitätskontrolle nicht geschätzt wird – verkauft den Anlegern alles, was sie kaufen wollen.“ [3]

Die Anleger wollen eine hohe Rendite bei minimalem Verlustrisiko. Aber das ist nicht die Art und Weise, wie das Spiel gespielt wird. Die Regel lautet: Je höher die Rendite, desto größer das Verlustrisiko. Aber hier kommt die Wall Street ins Spiel – durch die Magie der „Verkaufskunst“ können Anlageberater ihren Kunden verkaufen, dass die Rendite „hoch“ und das Risiko „niedrig“ sei, auch wenn dies nicht der Fall ist. Um den Anlageberatern dabei zu helfen, zaubern die Investmentbanker der Wall Street alle möglichen Anlageprodukte mit „hoher Rendite und geringem Risiko“ aus dem Hut, um sie an ahnungslose Kunden zu verkaufen. Sie geben diesen Anlagen gern exotische Namen – Quanto und Rainbow Option, Constant Maturity Swap und Bermudan Option. Dann gibt es noch die Principal Protected Notes, die Autocallable Notes, Reverse Convertibles und die Phoenix Notes. Nicht zu vergessen der Volatilitäts-Swap und der berühmteste von allen, der Credit Default Swap. Sie alle sind so konzipiert, dass sie die Anleger so sehr verwirren, dass sie niemals verstehen werden, was sie gerade gekauft haben. Damit sind sie voll und ganz in den Händen ihres vertrauenswürdigen Wall-Street-Anlageberaters, der ihnen erzählt, dass diese magische Anlage sowohl eine hohe Rendite als auch ein geringes Risiko bietet. Und sicherheitshalber wird er dem Anleger auch raten, sein Portfolio zu diversifizieren, um ihn besser vor unvorhergesehenen Katastrophen zu schützen. Das sei das, was kluge Anleger tun.

Was diese Wall-Street-Gurus den Anlegern nicht sagen, ist, dass die Produkte, die sie kaufen, oft sehr riskant sind und dass der Grund für die Diversifizierung darin besteht, den Anlageberater davor zu schützen, dass er wie ein Vollidiot dasteht, wenn eines dieser supersicheren „Anlageprodukte“ abstürzt und in Flammen aufgeht. (Im Jahr 2008 gingen einige dieser supersicheren Wall-Street-Anlageprodukte zeitgleich unter, was nicht nur die Anleger in den Ruin trieb, sondern auch einige der großen Wall-Street-Investmentbanken).

Nr. 50

„Die Leute an der Wall Street verdienen viel, viel mehr Geld durch ihr Verkaufsgeschick als durch ihr Investitionsgeschick.“ [4]

An der Wall Street ist es am einfachsten, die Anlageergebnisse des letzten Jahres zu verkaufen. Die nächste einfache Verkaufsmethode ist die ein- bis dreijährige Erfolgsbilanz. Niemand interessiert sich für die 5-Jahres-Bilanz und erst recht nicht für die 10-Jahres-Bilanz. Wenn man bedenkt, dass 90 Prozent der Investmentfonds ihre Portfolios alle ein bis drei Jahre komplett umschichten, würden Sie dann wirklich erwarten, dass ihre Kunden einen längeren Zeithorizont haben? Bei den großen Investmenthäusern, die Hunderte von verschiedenen Fonds mit unterschiedlichen Anlagestrategien anbieten, werden in jedem Jahr vier oder fünf ihrer Fonds sehr gut abgeschnitten haben, was ihren Vertriebsmitarbeitern – Maklern und Anlageberatern – etwas gibt, das sie ihren Kunden anpreisen können. Das langfristige Investmentbild kann jedoch eine andere Geschichte erzählen.

Nr. 51

„Die meisten professionellen Anleger fokussieren sich darauf, wie sich eine Aktie im nächsten Jahr vermutlich entwickeln wird. Und sie verfügen über alle möglichen geheimnisvollen Methoden, um die Aufgabe anzugehen. Sie denken nicht wirklich daran, dass sie ein Stück eines Unternehmens besitzen.“ [5]

Diese Kurzsichtigkeit ist für Warren eine Chance. Professionelle Anleger sind bestrebt, Jahresergebnisse zu erzielen, damit sie sagen können, dass sie den Fonds mit der besten Wertentwicklung des Jahres haben, was wiederum mehr Menschen dazu veranlasst, in ihren Fonds zu investieren, was die von ihnen verwalteten Mittel erhöht, was wiederum ihre Einnahmen aus den Verwaltungsgebühren steigert.

Auf der Suche nach kurzfristigen Gewinnen vernachlässigen diese kurzsichtigen professionellen Anleger jedoch oft die zugrunde liegende langfristige Wirtschaftlichkeit des Unternehmens. Diese Investoren verkaufen ein Unternehmen oft zu schnell, weil seine kurzfristigen Aussichten nicht sehr rosig aussehen. Warren hingegen bewertet das Unternehmen aus einer langfristigen Perspektive, so als würde er das gesamte Unternehmen kaufen und es jahrelang halten. Wenn der kurzsichtige Aktienkurs unter Warrens langfristiger Bewertung liegt, könnte dies für ihn eine Kaufgelegenheit darstellen, vorausgesetzt, das Unternehmen verfügt auf seinem Markt über einen dauerhaften Wettbewerbsvorteil, der sicherstellt, dass sich seine langfristige Bewertung durchsetzen wird.

Kapitel 7

Warren Buffett über die Investmentaspekte der Inflation

Nr. 52

„Es ist sehr einfach, allgemeine langfristige Vorhersagen zu treffen, aber ich kann nicht vorhersagen, wie sich die Aktienkurse in zehn Tagen oder in zehn Monaten entwickeln werden.“ [1]

Warren hat herausgefunden, dass die langfristige Preisinflation, die dadurch entsteht, dass der Staat immer mehr Geld druckt, letztendlich die Einnahmen und Gewinne von Unternehmen steigert, die über eine Art dauerhaften Wettbewerbsvorteil verfügen. Dies gilt auch für eine stetig wachsende Bevölkerung, die die Nachfrage nach einer Vielzahl von Produkten steigern wird, was wiederum zu höheren Umsätzen und Gewinnen führen wird. Der Grund dafür ist, dass die Nachfrage nach den Produkten und Dienstleistungen dieser Unternehmen nicht nachlässt, wenn die Preise steigen. Die Unternehmen behalten ihre Gewinnspannen bei und verdienen immer mehr Geld, da steigende Preise und Verkaufsmengen ihre Einnahmen erhöhen, was wiederum zu höheren Gewinnen führt, die schließlich den zugrunde liegenden Unternehmenswert steigern.

Stellen Sie sich das einmal so vor: Im Jahr 1980 wurde ein Haus in der Nähe von Warrens Elternhaus für 47.000 Dollar verkauft und heute ist dasselbe Haus 437.000 Dollar wert. Wer profitiert nun von der Inflation des Hauspreises? Der Immobilienmakler, der das Haus 1980 verkaufte, erhielt eine Provision von etwa 2.300 Dollar. Würde es heute mit einem Wert von 437.000 Prozent verkauft, würde der Makler eine Provision von etwa 21.000 Dollar erhalten. Und dann ist da noch die Versicherungsgesellschaft: Im Jahr 1980 kostete die Versicherung des 47.000-Dollar-Hauses 400 Dollar pro Jahr. Heute würde die Versicherung desselben Hauses etwa 2.700 Dollar pro Jahr kosten. Und dann ist da noch die Bank: Bei einem 30-jährigen Hypothekendarlehen über 47.000 Dollar zu einem

Zinssatz von fünf Prozent würde die Bank über den Zeitraum von 30 Jahren etwa 43.840 Dollar an Zinsen verdienen. Wenn wir jedoch das 30-jährige Darlehen auf den gesamten Verkaufspreis von 437.000 Dollar aufstocken, wird die Bank etwa 407.000 Dollar an Zinsen verdienen.

Die Inflation der Wohnimmobilien trägt dazu bei, dass die Immobiliengesellschaften, die Versicherungsgesellschaften und die Banken mehr Geld verdienen. Und jetzt kommt das Beste: Abgesehen von Computer-Upgrades müssen viele dieser Unternehmen ihre Büroinfrastruktur nicht ständig verbessern, um ihr Geschäftsaufkommen zu steigern; die meisten befinden sich immer noch in denselben Gebäuden, in denen sie vor 30 Jahren waren. Berkshires Versicherungsunternehmen, The National Indemnity Company (NICO), befindet sich im selben Gebäude, seit Warren das Unternehmen 1967 gekauft hat. In den 55 Jahren, in denen NICO in seinem Besitz ist, hat das Unternehmen seine Prämieneinnahmen von 19 Millionen Dollar im Jahr 1967 auf 22 Milliarden Dollar im Jahr 2023 gesteigert – und das alles im selben Gebäude, mit denselben Bürotelefonen und zusätzlich mit E-Mail. Und keines dieser Unternehmen muss sich jemals mit der Veralterung seiner Produkte auseinandersetzen – die Menschen werden auch in hundert Jahren noch Häuser kaufen, Versicherungen abschließen und sich bei Banken Geld leihen.

Warren fand heraus, dass dieses Prinzip auch für Autohäuser und Autoversicherungen gilt. Da die Inflation die Preise für Autos steigen lässt, verdient der Autohändler an jedem Auto mehr und mehr und die Autoversicherungsgesellschaft schließt immer größere Policen für immer teurere Fahrzeuge ab. Und mehr Menschen bedeuten mehr verkaufte Autos sowie mehr abgeschlossene Kfz-Versicherungen. Aus diesem Grund besitzt Berkshire Hathaway Immobiliengesellschaften, Sach- und Autoversicherungsgesellschaften, Autohäuser und eine große Beteiligung an einer Großbank.

Charlie drückte es folgendermaßen aus: „Wir mögen zwar keine Inflation, weil sie schlecht für unser Land und unsere Zivilisation ist, aber wir werden wahrscheinlich im Zeitverlauf mehr Geld verdienen, weil es die Inflation gibt."

Nr. 53

„Niemand will hohe Inflation,
außer jemand, der hohe Schulden hat.“ [2]

Wenn Sie in einer Welt mit einer Inflation von zehn Prozent leben, werden die Preise jedes Jahr um zehn Prozent steigen und Ihre Kaufkraft wird jedes Jahr um zehn Prozent sinken. Aber wenn die Inflation die Preise steigen lässt, steigen auch die Gehälter. Nicht immer im Gleichschritt, aber letztendlich steigen die Gehälter doch. Der Mindestlohn auf Bundesebene betrug 1960 einen Dollar pro Stunde; heute liegt er bei 7,25 Dollar pro Stunde. Im Jahr 1960 musste man 100.000 Stunden zu einem Dollar pro Stunde arbeiten, um 100.000 Dollar zu verdienen, was 48 Jahren entspricht. Heute würde man 7,25 Dollar pro Stunde verdienen, und man bräuchte 13.793 Arbeitsstunden (6,6 Jahre), um 100.000 Dollar zu verdienen. Damals, 1960, konnte man mit 100.000 Dollar eine Villa im Mittleren Westen kaufen; heute könnte man damit vielleicht eine Hütte kaufen. Der Trick bestand also darin, sich 1960 100.000 Dollar zu leihen, die Villa zu kaufen und sie erst in ferner Zukunft zurückzahlen zu müssen. Je ferner in der Zukunft, desto besser, wenn man sein aufgeblähtes Einkommen nutzen kann, um den Kredit von 1960 zurückzuzahlen.

Aber es wird noch interessanter. Nehmen wir an, Sie haben sich heute eine Million Dollar geliehen, um ein Haus zu kaufen, Sie haben ein festverzinsliches 30-jähriges Hypothekendarlehen zu drei Prozent und die Inflation liegt bei fünf Prozent. Theoretisch steigt der Wert Ihres 1-Million-Dollar-Hauses jährlich um fünf Prozent, aber die Million, die Sie für den Kauf verwendet haben, kostet Sie nur drei Prozent, sodass wir argumentieren können, dass Sie zwei Prozent an der Differenz zwischen den beiden Werten verdienen (5 % – 3 % = 2 %). Wenn die Inflation jedoch auf zehn Prozent ansteigt, können wir argumentieren, dass Sie sieben Prozent an der Spanne verdienen (10 % – 3 % = 7 %). Eine jährliche Rendite von sieben Prozent auf eine Million Dollar entspricht einem jährlichen Wertzuwachs von 70.000 Dollar. Wenn Sie sich zehn Millionen Dollar geliehen und ein Haus im Wert von zehn Millionen Dollar gekauft haben, könnten wir argumentieren, dass Sie 700.000 Dollar pro Jahr an inflationsbedingtem Wertzuwachs verdienen. Und je höher die Inflation ist, desto mehr profitieren Sie von der Differenz zwischen Ihren Kreditkosten und dem Wertzuwachs Ihrer Immobilie. Wenn Sie sich also heute Geld leihen, um ein Haus zu kaufen, wird die Inflation Ihr neuer bester Freund, so Warren.

Kapitel 8

Warren Buffett über die Vorteile von Cash-Positionen

Nr. 54

„Wir halten es für wichtig, Bargeld zu haben – es gab in der Geschichte einige Fälle und es wird weitere Fälle geben, wo man ohne Bargeld am nächsten Tag nicht spielen kann." [1]

Bargeld zu haben, wenn niemand anderes es hat, ist eine Schlüsselkomponente von Warrens Anlagestrategie. Er ist ganz zufällig darauf gestoßen. In der enormen Hausse der späten 1960er- und frühen 1970er-Jahre konnte Warren keine billigen Aktien mehr finden, die er kaufen konnte, und anstatt seine Anlagestrategie zu ändern, schloss er seine Kapitalanlagegesellschaft und stieg aus. Dann kam der Crash von 1973/1974 und Warren, der in Bargeld schwamm, fand plötzlich alle seine Lieblingsunternehmen zu Schleuderpreisen und kaufte wie verrückt. Charlie war mit seiner Investmentgesellschaft im Spiel geblieben und verlor beim Crash von 1973/1974 die Hälfte der Gelder seiner Investoren – die er später wieder hereinholte, aber der Crash war für ihn ein traumatisches Ereignis. Der Unterschied zwischen den beiden bestand darin, dass Charlie zum Zeitpunkt des Crashs auf einem Haufen Aktien saß, die alle abstürzten, während Warren auf einem Haufen Cash saß und Aktien großer Unternehmen zu Schnäppchenpreisen kaufen konnte.

Warren hat einmal gesagt, dass dieses eine Ereignis, nämlich in Bargeld zu schwimmen und sich mitten im Börsencrash von 1973/1974 wiederzufinden, den gesamten Verlauf seiner Karriere verändert hat. Seine Strategie eines Bargeldhaufens für Baissen zeigte sich am dramatischsten im Crash von 2008/2009, als Warren mittels Berkshire zum Kreditgeber letzter Instanz für Goldman Sachs (fünf Milliarden Dollar), Bank of America (fünf Milliarden Dollar), Mars Candy Company (6,5 Milliarden Dollar), General Electric (drei Milliarden Dollar),

Harley-Davidson (300 Millionen Dollar) wurde und er die gesamte Eisenbahngesellschaft BNSF für 26 Milliarden Dollar aufkaufte.

Charlie hat die Strategie etwas praxisnäher formuliert: „Reich wird man, wenn man zehn Millionen Dollar auf dem Girokonto hat für den Fall, dass ein gutes Geschäft daherkommt." Wie wir bereits erwähnt haben, ist das der Grund, warum Berkshire über 200 Milliarden Dollar auf seinem Girokonto liegen hat und auf das nächste gute Geschäft wartet.

Nr. 55

„Die Menschen klammern sich meist zur falschen Zeit an Bargeld.“ [2]

Der Aktienmarkt ist auf einem Allzeithoch, die Wirtschaft boomt, die Banken sind so stark wie nie zuvor, die Menschen kaufen alles – Autos, neue Häuser, Zweitwohnungen, Kunstwerke – und jede Investition, die sie tätigen, ist ein Gewinner. Wenn alle wie verrückt Geld ausgeben, stellt Warren die Ausgaben ein und beginnt Bargeld zu horten.

Der Aktienmarkt stürzt ab, Unternehmen schließen, die Banken gehen pleite, die Menschen horten ihr Bargeld und um an noch mehr Bargeld zu gelangen, beginnen sie, Dinge wie ihre Investitionen, ihre Immobilien und ihre Aktien zu verkaufen. Dabei treiben sie die Aktienkurse in den Keller. Die Preise waren seit der Großen Rezession nicht mehr so niedrig! Wenn alle anfangen, Bargeld zu horten, öffnet Warren den Tresor und beginnt sein Bargeld auszugeben, indem er die angeschlagenen Aktien kauft, die alle anderen verzweifelt verkaufen wollen.

In gewisser Weise ist Warrens Anlagephilosophie wirklich so simpel.

Nr. 56

„Bargeld ist für ein Unternehmen das, was Sauerstoff für einen Menschen ist: Wenn es vorhanden ist, denkt man nicht daran, aber wenn es nicht vorhanden ist, dann ist es das Einzige, woran man denkt.“ [3]

Commercial Paper sind unbesicherte kurzfristige Schuldtitel – mit einer Laufzeit von einer Woche bis 270 Tage –, die große Unternehmen und Finanzinstitute zur Finanzierung kurzfristiger Verpflichtungen wie Gehaltsabrechnungen, Lagerbestände und saisonale Ausgaben verwenden. Einer der Gründe, warum sie diese Papiere verwenden, ist, dass sie einen viel niedrigeren Zinssatz haben als längerfristige Schuldpapiere. Und genau hier beginnt das Problem. Anstatt langfristige Finanzierungen zu arrangieren, begannen einige Unternehmen, ihren langfristigen Bedarf mit Commercial Paper zu finanzieren. Die Unternehmen erneuerten ihr Commercial Paper bei Fälligkeit einfach – was sehr gut funktionierte, bis der Finanzcrash 2008 den gesamten Markt für Commercial Paper in Höhe von zwei Billionen Dollar zum Erliegen brachte. Niemand war mehr bereit, die Commercial Paper dieser Unternehmen zu kaufen, und plötzlich hatten die Unternehmen kein Geld mehr. Harley-Davidson war eines der Unternehmen, die 2009 in echte Schwierigkeiten gerieten und schnell Hunderte Millionen an Bargeld benötigten. Aber niemand wollte es ihm leihen. Warren kam Harley zu Hilfe, indem er Berkshire veranlasste, dem Unternehmen 300 Millionen Dollar für fünf Jahre zu einem jährlichen Zinssatz von 15 Prozent (45 Millionen Dollar pro Jahr) zu leihen. Als Warren gefragt wurde, warum er nicht einfach die Aktien von Harley-Davidson kaufte, antwortete er: „Ich mag Unternehmen, deren Namen sich die Kunden auf die Brust tätowieren lassen, und ich wusste genug über das Unternehmen, um ihm

Geld zu leihen; aber ich wusste nicht genug, um die Aktien zu kaufen.“ Harley-Davidson überlebte und Berkshire machte mit seiner Investition von 300 Millionen Dollar einen Gewinn von 225 Millionen Dollar.

Nr. 57

„Irgendwann in den nächsten hundert Jahren, vielleicht schon morgen, vielleicht erst in hundert Jahren – niemand weiß es –, wird sich Berkshire nicht mehr auf andere verlassen können, um unsere eigene Stärke zu erhalten und unsere Geschäftstätigkeit aufrechtzuerhalten. Und wir haben zu viel Zeit damit verbracht, Berkshire aufzubauen, als dass wir zulassen könnten, dass dieser eine Moment uns zerstört." [4]

Auf der Rückseite des Formulars 10-K von Berkshire Hathaway für das Jahr 2023, das bei der SEC eingereicht wurde, findet sich eine Klausel über Aktienrückkäufe, die lautet: „Rückkäufe werden jedoch nicht getätigt, wenn sie den Gesamtwert von Berkshires konsolidierten Barmitteln, Barmitteläquivalenten und Beständen an US-Schatzanweisungen unter 30 Milliarden US-Dollar senken würden." Dies ist die ausfallsichere Menge an Bargeld, von der Warren will, dass Berkshire sie jederzeit in seinen Tresoren hat. Damit soll sichergestellt werden, dass es überlebt, egal welche wirtschaftlichen Umwälzungen oder Katastrophen auf seine Unternehmen niederprasseln, selbst nachdem er sein unternehmerisches Meisterwerk längst einem anderen Kapitän anvertraut hat, der es durch die turbulente See des Handels steuert.

Kapitel 9

Warren Buffett über das Profitieren von eigenen Fehlern

Nr. 58

„Die Triumphe im Leben sind teilweise deshalb Triumphe, weil man weiß, dass nicht alles ein Triumph sein wird.“ [1]

Warren fährt fort: „Man wird im Leben Fehler machen, das steht außer Frage ... Man kann auf keinen Fall viele Geschäfts- und Investitionsentscheidungen treffen, ohne Fehler zu machen ... Wenn man Golf spielt und bei jedem Loch ein Hole-in-one schaffen würde, dann würde niemand mehr Golf spielen, es würde keinen Spaß machen ... Man muss ein paar Mal ins Rough schlagen und dann wieder aus dem Rough herauskommen ... Das macht es interessant.“ Warren schlug 1987 mit seiner 700-Millionen-Dollar-Investition in Salomon Brothers, einer Wall-Street-Investmentbank, die ernste Schwierigkeiten mit den staatlichen Aufsichtsbehörden hatte und kurz vor der Schließung stand, ins Rough. Es war ein riesiger Schlamassel epischen Ausmaßes, der Warren veranlasste, als Chairman des Unternehmens einzuspringen und Charlie die Leitung des Prüfungsausschusses zu übertragen. Warren entließ mehrere Spitzenleute, setzte einen neuen CEO ein und überzeugte die Regierung, Salomon weitermachen zu lassen. Am Ende triumphierte er und rettete sowohl Salomon Brothers als auch seine Investition von 700 Millionen Dollar.

Nr. 59

„Ich lerne lieber aus den Fehlern anderer Leute.“ [2]

Erfahrung ist der beste Weg, um zu lernen. Sie kann aber auch teuer werden, weil sie mit vielen Fehlern verbunden ist. Als Thomas Edison die Glühbirne erfand, scheiterte er tausendmal, bevor er den Bogen heraushatte. Beim Investieren kann man sich nicht viele Fehler leisten.

Warren ist ein gefräßiger Leser von Biografien – von Menschen und Unternehmen. Beim Lesen entdeckte er, dass er aus den Fehlern anderer lernen konnte, und zwar in einem rasanten Tempo und zum Schnäppchenpreis des Buches. Indem er einfach ein Buch zur Hand nahm, wandelte Warren in den Schuhen von John D. Rockefeller, als dieser sein Finanzimperium aufbaute. Er sah zu, wie J. P. Morgan mutig den Börsenkrach von 1907 stoppte, der die Nation wirtschaftlich zu ruinieren drohte. Und er war an der Seite von Thomas J. Watson Sr., als er darum kämpfte IBM aufzubauen. Warren studierte nicht nur die Erfolge, sondern auch die Misserfolge, denn die Wall Street ist übersät mit großen Vermögen, die sowohl gewonnen als auch verloren wurden. Warren erwarb eine immense Menge an Lebensweisheit durch die Lektüre vieler Bücher, von denen die meisten in jeder öffentlichen Bibliothek kostenlos erhältlich sind. Und wenn die Bibliothek das Buch, das Sie suchen, nicht im Regal hat, besorgt es Ihnen die nette Person hinter dem Schalter gern über die Fernleihe. Und das alles umsonst!

Nr. 60

„Eine gute Idee kann einem mehr Ärger einbringen als eine schlechte.“ [3]

Benjamin Graham lehrte, dass jede gute Idee an ihre Grenzen stößt. Und wenn man diese Grenzen nicht erkennt, können die Dinge ernsthaft schiefgehen. Warren erklärt: „Die Menschen beginnen mit dem Kauf von Aktien, weil sie meinen, sie seien billig – eine gute Idee –, aber dann kaufen sie sie weiter, weil sie steigen und steigen, und bevor sie es merken, kaufen sie überteuerte Aktien – eine schlechte Idee – und geraten dann in Schwierigkeiten!“

Warren setzt sich ein „Preislimit“, wenn er Aktien eines Unternehmens kauft, das er für unterbewertet hält. Wenn der Aktienkurs dieses Unternehmens sein Preislimit überschreitet, stoppt er den Kauf und verhindert so, dass sich seine gute Idee in eine schlechte verwandelt. Kürzlich hat er dies bei Apple getan – er kaufte über einen Zeitraum von mehreren Jahren weiter, bis die Apple-Aktie einen Preis erreichte, den er nicht mehr attraktiv fand.

Nr. 61

„Eine Zeile aus einem Countrysong von Bobby Bare erklärt, was bei Firmenübernahmen oft passieren kann: ‚Ich bin noch nie mit einer hässlichen Frau ins Bett gegangen, aber ich bin schon neben einigen aufgewacht.'"[4]

Warren hat im Laufe seiner Karriere einige Fehler gemacht. Einer der schlimmsten war die Übernahme der Dexter Shoe Company im Jahr 1993 für 433 Millionen Dollar in Berkshire-Aktien. Als er Dexter kaufte, sah es wie ein großartiges Unternehmen aus. Er sang: „There's no business like shoe business." Die hochwertigen, in Amerika hergestellten Schuhe von Dexter hatten eine Fangemeinde, was zu einer gewissen Markentreue führte. Und Schuhe sind ein absolut notwendiges Produkt. Die Amerikaner kaufen jedes Jahr eine Milliarde Paar Schuhe, die sich alle irgendwann abnutzen, sodass die Menschen immer wieder neue kaufen müssen.

Was Warren nicht voraussah, war, dass in den späten 1990er-Jahren billige chinesische Schuhe den amerikanischen Markt überschwemmen und das Geschäftsmodell von Dexter zerstören würden. Die hohen Lohnkosten von Dexter in Maine konnten mit den niedrigen chinesischen nicht mithalten. Dexter stellt immer noch Schuhe her, aber das Unternehmen hat nur noch ein Bruchteil der Größe, die es hatte, als Warren es kaufte. Als er kürzlich gefragt wurde, was sein schlimmster Fehler war, antwortete er: Dexter Shoes. „Ich habe 1,6 Prozent von Berkshire – ein wunderbares Unternehmen – verschenkt, um ein wertloses Unternehmen zu kaufen … Dexter ist das schlimmste Geschäft, das ich je gemacht habe."

Nr. 62

„Nachdem wir eine Vielzahl von Unternehmen gekauft und geleitet haben, haben Charlie und ich nicht gelernt, wie man schwierige geschäftliche Probleme löst. Was wir gelernt haben, ist, sie zu vermeiden.“ [5]

Ein altes Sprichwort aus der Immobilienbranche besagt, dass die beste Investitionsentscheidung manchmal darin besteht, Nein zu sagen. Charlie Munger hat es noch besser ausgedrückt: „Der Unterschied zwischen einem guten und einem schlechten Unternehmen besteht darin, dass gute Unternehmen eine einfache Entscheidung nach der anderen erfordern. Schlechte Unternehmen stellen uns immer wieder vor schmerzhafte Entscheidungen.“ Und sowohl Warren als auch Charlie lernten diese Lektion auf die harte Tour mit Investitionen in einen Windmühlenhersteller, ein Kaufhaus, eine Textilfabrik, einen Schuhhersteller und eine Fluggesellschaft. Warum waren diese Unternehmen schlecht? Weil sie in hart umkämpften Branchen tätig waren, die sich gegenseitig preislich unterboten, was ihre Gewinnspannen drückte, ihren Cashflow versickern ließ und ihre Chancen auf ein langfristiges Überleben verringerte. Aber Warrens und Charlies geschäftliche Fehler waren letztendlich ein Segen. Denn beide lernten, dass das Geheimnis erfolgreicher Investitionen darin besteht, schlechte Unternehmen und problematische Branchen zu meiden und sich immer für die besseren Unternehmen zu entscheiden, die über einen langfristigen, dauerhaften Wettbewerbsvorteil verfügen – selbst wenn sie dafür einen angemessenen Preis zahlen müssen.

Nr. 63

„Wir hatten 1966 ein Kaufhaus in Baltimore und wenn wir es behalten hätten, wären wir pleitegegangen. Es ist also auch wichtig, die Realität anzuerkennen. Ich meine, man sollte nicht versuchen, etwas zu reparieren, das nicht reparabel ist.“ [6]

1966 kauften Warren und Charlie 100 Prozent eines 70 Jahre alten, familiengeführten, historisch erfolgreichen Kaufhauses mit dem Markennamen Hochschild Kohn in der Innenstadt von Baltimore, das qualitativ hochwertige Waren verkaufte, einen ausgezeichneten Kundenservice bot und die jährliche Toytown-Parade veranstaltete, eine beliebte Tradition an Thanksgiving in Baltimore. Warren und Charlie waren der Meinung, dass sie ein „altes“, etabliertes Unternehmen erwarben, das sie mit einem erheblichen Abschlag zum Buchwert bekamen. Es schien ein Schnäppchen zu sein, das eine ausreichende Sicherheitsmarge bot, um ihnen einen großen Erfolg zu sichern. In den letzten hundert Jahren wurden im Kaufhausgeschäft in ganz Amerika große Vermögen gemacht. Warren und Charlie waren beide in Omaha aufgewachsen, wo die Familie Brandeis ein Vermögen im Kaufhausgeschäft gemacht hatte, und 1966 verdiente sie immer noch Geld damit. Was Warren und Charlie nicht wussten, war, dass die neuen Einkaufszentren in den Vororten gerade dabei waren, den legendären Kaufhäusern von gestern das Geschäft wegzunehmen. Das war wahrscheinlich der Grund, warum die Familien Hochschild und Kohn verkauften; sie konnten das Menetekel sehen. Warren und Charlie erkannten schnell, dass das, was sie für ein „altes“, etabliertes Geschäft hielten, in Wirklichkeit ein langsam aussterbendes war, und verkauften es 1969 für ungefähr das, was sie dafür bezahlt hatten. Charlie beklagte später: *„Der Kauf von Hochschild Kohn war wie die Geschichte eines Mannes, der eine Jacht kauft. Seine zwei glücklichsten Tage sind der Tag, an dem er sie kauft, und der Tag, an dem er sie wieder verkauft.“*

Kapitel 10

Warren Buffett über die Bewertung von Unternehmen und ihrer Aktien

Nr. 64

„Früher oder später bestimmt die Höhe der Barmittel, die ein Unternehmen in Zukunft ausschütten kann, den Wert, den es auf dem Markt hat.“ [1]

Warrens Wall-Street-Mentor Benjamin Graham lehrte, dass der Aktienkurs eines Unternehmens kurzfristig durch einen Beliebtheitswettbewerb bestimmt wird, der die Aktienkurse eines Unternehmens auf irrsinnige Tiefststände und lächerliche Höchststände treiben kann. Langfristig jedoch spiegele der Aktienkurs eines Unternehmens den „inneren Wert“ des Geldes wider, das das Unternehmen verdienen wird. Grahams Strategie bestand darin, eine Aktie zu kaufen, wenn sie unglaublich niedrig stand, und sie zu verkaufen, wenn sie auf ihren inneren Wert gestiegen war.

Warren hat erkannt, dass es nur wenige Unternehmen gibt, die einen dauerhaften Wettbewerbsvorteil haben und deren Wert allmählich, aber stetig steigt. Kurzfristig kann der „Beliebtheitswettbewerb“ an der Börse sie unterbewerten, langfristig wird die Börse diesen ständig steigenden Wert jedoch erkennen und den Aktienkurs nach oben korrigieren. Warren lernte auch, dass es, wenn er eines dieser wunderbaren Unternehmen erwarb, während der Aktienmarkt es unterbewertete, weitaus profitabler war, es langfristig zu halten und es dank seiner überlegenen Wirtschaftlichkeit über einen Zeitraum von zehn oder 20 Jahren wachsen zu lassen, als einfach Grahams Strategie zu folgen und die Aktie zu verkaufen, wenn sie ihren inneren Wert erreicht hatte.

Charlie drückte es folgendermaßen aus: „Wenn man etwas kauft, weil es unterbewertet ist, dann muss man darüber nachdenken, es zu verkaufen, wenn es sich dem intrinsischen Wert nähert, den man für sich selbst errechnet hat. Das ist schwierig. Wenn man aber ein paar großartige Unternehmen kauft, deren Wert ständig steigt, kann man sich einfach zurücklehnen." Dies lässt sich am besten am Beispiel von Berkshire Hathaway zeigen, das in den letzten 50 Jahren von unter dem Buchwert in den frühen 1970er-Jahren bis fast zum doppelten Buchwert in den späten 1990er-Jahren gehandelt wurde. Hätte man es unter dem Buchwert eingekauft und zum doppelten Buchwert verkauft, hätte man viel Geld verdient. Allerdings hätten wir dann den gigantischen Anstieg der Berkshire-Aktie im Zeitraum von 2011 bis 2024 verpasst, als die A-Aktie von 104.000 US-Dollar auf 632.000 US-Dollar stieg. Wenn wir das richtige Unternehmen auswählen, wie Charlie sagt, zahlt es sich aus, sich zurückzulehnen.

Nr. 65

„Die Idee, extrem hohe Wachstumsraten für sehr lange Zeiträume zu prognostizieren, hat dazu geführt, dass Anleger sehr, sehr große Summen verloren haben. ... Charlie und ich werden nur sehr selten – praktisch nie – in den hohen Zahlenbereich kommen. Damit kann man nämlich eine Menge Geld verlieren.“ [2]

Wenn man extrem hohe Wachstumsraten für sehr lange Zeiträume prognostiziert, führt dies zu wahnsinnig hohen Bewertungen, wenn man sie auf den aktuellen Wert abzinst. Wenn man solche hohen Bewertungen nutzt, um zu entscheiden, ob eine Aktie ein Schnäppchen ist oder sogar fair gepreist ist, kann es ein böses Erwachen geben. Lassen Sie uns einige der Gefahren aufzeigen, von denen Warren spricht.

Nehmen wir an, ein Unternehmen hat seinen Gewinn pro Aktie in den letzten zehn Jahren mit einer durchschnittlichen jährlichen Wachstumsrate von 15 Prozent gesteigert und sein aktueller Gewinn im Jahr 2024 beträgt vier Dollar pro Aktie. Wenn wir diese Wachstumsrate von 15 Prozent auf die nächsten 50 Jahre projizieren, erhalten wir einen Gewinn pro Aktie von 4.335 Dollar im Jahr 2074. Wenn wir diesen Gewinn von 4.335 Dollar pro Aktie mit einem Abzinsungssatz von fünf Prozent auf den Gegenwartswert diskontieren, erhalten wir einen diskontierten Wert von 378 Dollar pro Aktie oder das 94-Fache des Gewinns von vier Dollar pro Aktie im Jahr 2024. Wenn wir jedoch den Projektionszeitraum auf 20 Jahre ändern, erhalten wir einen Projektionswert von 65,47 Dollar pro Aktie im Jahr 2044. Wenn wir die 65,47 Dollar pro Aktie auf den Gegenwartswert abzinsen – mit einem Abzinsungssatz von fünf Prozent –, erhalten wir einen Gegenwartswert von 24,50 Dollar pro Aktie oder das 6,1-Fache des Gewinns pro Aktie im Jahr 2024. Je weiter wir die Wachstumsrate in die Zukunft verschieben, desto höher werden die Bewertungen, und je höher sie werden, desto gefährlicher ist ihre Verwendung.

Nr. 66

„Der Buchwert ist kein Faktor, den wir in Betracht ziehen, der zukünftige Ertrag ist ein Faktor, den wir in Betracht ziehen." [3]

Warren begann in den frühen 1950er-Jahren zu investieren, als Aktien noch unter ihrem Buchwert pro Aktie verkauft wurden. Er suchte nach Aktien von Unternehmen, die zur Hälfte ihres Buchwerts verkauft wurden, und kaufte sie. Er nannte das den Kauf eines Dollar für 50 Cent. Und wenn der Aktienkurs auf den Buchwert anstieg, verkaufte er seine Aktien und erzielte so eine hundertprozentige Rendite auf seine Investition. Diese Art des Investierens hatte jedoch insofern ihre Grenzen, als sie den ständig wachsenden Wert eines Unternehmens mit einem dauerhaften Wettbewerbsvorteil nicht ausnutzte, bei dem die überlegene wirtschaftliche Basis des Unternehmens einfach immer weiter wächst und das Unternehmen immer wertvoller werden lässt – einen Wert, den Warren nur realisieren konnte, wenn er die Aktie 20 Jahre oder länger hielt.

Bedenken Sie Folgendes: Warren gab persönlich etwa sechs Millionen Dollar aus, um von 1965 bis 1968 Aktien von Berkshire Hathaway zu kaufen, wobei er 394.754 Aktien für sich selbst erwarb. Hätte er diese Aktien verkauft, als er sein Geld zum ersten Mal verdoppelt hatte, hätte er eine Rendite von 100 Prozent auf seine Investition erzielt. Aber er verkaufte sie nicht. Er behielt sie. Und der Aktienkurs von Berkshire ist in den letzten 59 Jahren von 12,50 Dollar pro Aktie im Jahr 1965 auf mehr als 632.000 Dollar pro Aktie im Jahr 2024 gestiegen, was Warren eine Rendite von ungefähr dem 50.580-Fachen seiner ursprünglichen Investition von 1965 beschert. Hätte Warren in den letzten 30 Jahren nicht so viele Berkshire-Aktien an wohltätige Stiftungen verschenkt, wären seine ursprünglichen 394.754 Aktien heute etwa 249 Milliarden Dollar wert. Damit wäre er mit Abstand der reichste Mensch der Welt – sogar reicher als der sagenhafte Unternehmer Elon Musk. Und all das wäre nicht möglich gewesen, wenn Warren bei der „alten Methode“ geblieben wäre, die Aktien zum halben Buchwert pro Aktie zu kaufen und sie später für eine 100-prozentige Rendite zu verkaufen. Für Warren liegen die großen Gewinne immer in der Zukunft und deshalb konzentriert er sich auf die Zukunft und nicht auf die Vergangenheit.

Kapitel 11

Warren Buffett über Investitionen in Immobilien

Nr. 67

„Unter den meisten Bedingungen ist es wirklich schwer, fehlbewertete Immobilien zu finden.“ [1]

Warren war nie an Immobilieninvestitionen interessiert und der Grund dafür ist, dass es sich dabei um einen äußerst wettbewerbsintensiven Markt mit vielen ausgefuchsten Akteuren handelt, die große Mengen an Fremdkapital einsetzen. Aufgrund der hohen Schulden, die zur Finanzierung der Geschäfte verwendet werden, werden die Immobilienpreise weitgehend von den Hypothekenzinsen diktiert, was bedeutet, dass Immobilien selten, wenn überhaupt jemals, zu Schnäppchenpreisen verkauft werden. Auch die irrationalen Panikverkäufe auf dem Aktienmarkt, die Warren seine großartigen Kaufgelegenheiten verschaffen, kommen bei Immobilien fast nie vor. Außerdem bieten Immobilieninvestitionen Warren nicht die Art von Rendite, die er im Vergleich zu anderen Investitionen in seinem Universum als konkurrenzfähig erachten würde.

Bedenken Sie Folgendes: Die Cap Rate einer Immobilie ist die jährliche Rendite, die auf den Kaufpreis eines Gebäudes zu erwarten ist. Die Cap Rate eines erstklassigen Bürogebäudes in New York City liegt derzeit bei 3,5 bis 5,0 Prozent. Wenn man 30 Prozent anzahlt und den Rest des Kaufpreises finanziert, kann man die Rendite auf die Anzahlung auf sechs bis zehn Prozent steigern. Diese sechs bis zehn Prozent Rendite werden jedoch im laufenden Jahr versteuert, sodass sich für den einzelnen Anleger eine Nachsteuerrendite von drei bis fünf Prozent ergeben würde. Warren erschienen solche Renditen nie attraktiv.

Doch obwohl Warren seine Abneigung gegen Immobilieninvestitionen zum Ausdruck gebracht hat, hat er gelegentlich in verschiedene Immobilien-Investmentfonds (REITs) investiert. REITs sind im Wesentlichen Trusts, die eine große Anzahl von Gewerbeimmobilien besitzen und verwalten. Viele REITs werden an der Börse gehandelt. Im Zuge wirtschaftlicher Umwälzungen wie 2008 können sie im Verhältnis zu ihren Auszahlungen falsch bewertet werden. Wenn dies geschieht, kauft Warren eine ausgewählte Anzahl von REITs, die eine im Vergleich zu den Zinsen auf Staatsanleihen attraktive Auszahlung bieten.

Nr. 68

„Jedem, der ins Immobiliengeschäft einsteigt, wird erklärt, dass die erste Regel, die zweite Regel und die dritte Regel lautet: Unterschreibe niemals etwas mit deinem Namen.“ [2]

Es gibt viele Arten von Immobiliendarlehen. Eine davon ist das Hypothekendarlehen ohne Regress, bei der die Bank im Falle eines Ausfalls nur die Immobilie selbst pfänden kann. Die Bank kann nicht gegen den Kreditnehmer vorgehen. Sie kann nicht auf andere Vermögenswerte des Kreditnehmers, zum Beispiel Bankkonten, Ersparnisse oder Löhne, zugreifen, um den Kreditbetrag zurückzubekommen. Banken vergeben nicht gern Darlehen ohne Regress, aber sie bieten sie an, um große Immobiliengeschäfte an Land zu ziehen, vorausgesetzt, der Bauträger hat eine ausgezeichnete Kredithistorie und kann eine beträchtliche Anzahlung leisten, um der Bank einen zusätzlichen Schutz für den Fall zu bieten, dass er das Darlehen nicht zurückzahlt. Immobilienentwickler lieben Hypotheken ohne Regress, denn sie können das Geld ihrer Investoren für die Anzahlung verwenden, eine 100-Millionen-Dollar-Hypothek ohne Regress aufnehmen, den Kredit ausfallen lassen und dann ungeschoren davonkommen, wobei ihre Investoren die Verluste und die Bank die ausgefallene Immobilie tragen müssen. Das Immobiliengeschäft ist eben ein Fall für sich.

Nr. 69

„Wenn Sie der Bank 100 Dollar schulden, haben Sie ein Problem. Wenn Sie der Bank 100 Millionen Dollar schulden, hat die Bank ein Problem.“ [3]

Hier treffen nun schließlich die Anlagephilosophie von Warren Buffett und die Welt von Donald Trump aufeinander. Wenn ein Unternehmen einen Immobilienkredit in Höhe von einer Million Dollar nicht bedienen kann, sind die Banken gern bereit, die Immobilie im Wert von einer Million zu zwangsvollstrecken, sie mit einem Verlust von 20 Prozent zu verkaufen und den Verlust gegen die Gewinne des laufenden Jahres abzuschreiben. Die Bank ist bereit, dies zu tun, weil der Verlust von 200.000 Dollar ein Schlag für die Erträge der Bank ist, den sie leicht verkraften kann.

Wenn aber ein Unternehmen 100 Millionen Dollar für die Entwicklung eines Gebäudes aufnimmt, dann den Kredit nicht mehr bedienen kann und die Bank die Immobilie mit einem Verlust von 20 Prozent verkauft, was einem Verlust von 20 Millionen Dollar entspricht, könnte dies den Jahresertrag der Bank stark beeinträchtigen. Banken mögen es nicht, ein „Problem“ in Form von minus 20 Millionen Dollar in ihren Büchern stehen zu haben, also versuchen sie es zu vermeiden wie die Pest. Das tun sie oft, indem sie das Kreditpaket mit dem Kreditnehmer neu aushandeln, sodass der Kreditnehmer das Gebäude weiterbauen kann und die Bank es nicht zwangsvollstrecken und zurücknehmen muss.

Trump erlebte das Phänomen, dass eine Bank nicht zwangsvollstrecken will, als er in den 1990er-Jahren das Plaza Hotel in New York City besaß. Das Plaza machte Verluste und Trump geriet mit seinen Krediten von mehreren Banken, bei denen er sich für den Kauf des Plaza verschuldet hatte, in Schwierigkeiten. Die Banken mussten sich entscheiden: Zwangsvollstreckung oder nicht? Sie entschieden sich gegen die Zwangsvollstreckung und übernahmen stattdessen einen Anteil von 49 Prozent an der Immobilie, sodass Trump 51 Prozent der Anteile behielt. Warum? Weil die Banken nicht in der Lage waren, ein Hotel zu betreiben; sie verfügten nicht über das nötige kompetente Management. Hätten die Banken das Hotel zwangsversteigert und Trump hinausgedrängt, hätten sie das Hotel vielleicht schließen müssen, bis sie einen anderen Käufer gefunden hätte. Und ein leeres Hotel ist nicht so viel wert wie ein Hotel mit Gästen. Es war viel besser, Trump das Plaza weiter betreiben zu lassen, bis es entweder den Turnaround geschafft hätte oder verkauft würde.

Kapitel 12

Warren Buffett über die Gefahren des Bankwesens

Nr. 70

„Ein Banker gestand mir einmal: ‚Ich weiß nicht, warum wir ständig nach neuen Wegen suchen, um Geld zu verlieren, wenn die alten Wege, Geld zu verlieren, so gut funktioniert haben.'" [1]

Banken verdienen Geld, indem sie ein sogenanntes Mismatched Book führen – sie nehmen kurzfristige Kredite auf und vergeben langfristige Kredite. Die Bank zahlt den Einlegern drei Prozent dafür, dass sie ihr Geld, das sie jederzeit abheben können, in der Bank lassen. Die Bank leiht dieses Geld dann zu fünf Prozent an einen Kreditnehmer aus und kassiert eine jährliche Gewinnspanne von zwei Prozent. Das klingt nach nicht viel, aber wenn es um Milliarden von Dollar an Krediten geht, können sich zwei Prozent schnell summieren.

Banken können jedoch auch enorme Verluste erleiden, wenn Kreditnehmer ihre Kredite nicht bedienen. Der Immobilienentwickler kommt mit seinem 50-Millionen-Dollar-Darlehen ohne Regress in Verzug und beschert der Bank Verluste in Millionenhöhe. Wenn die Kreditverluste der Bank groß genug sind, kann der Verlust das Eigenkapital der Bank und das Geld der Einleger aufzehren. Da dieses Szenario der Kreditverluste in den frühen 1930er-Jahren so oft auftrat und die Einleger ihr gesamtes Geld verloren, schritt die Regierung ein und schuf eine sehr eigentümliche Versicherungsgesellschaft auf Gegenseitigkeit, die FDIC, um das Geld der Einleger zu schützen. (Die FDIC schützt derzeit Einleger bis zu einem Betrag von 250.000 Dollar).

Das Merkwürdige an der FDIC ist, dass sie zwar vom Staat betrieben wird, aber eigentlich von den Banken selbst finanziert wird. Die Banken zahlen eine jährliche Gebühr an die FDIC für die Versicherung der Bankguthaben ihrer Einleger bis zu 250.000 Dollar. Wenn der FDIC in einem bestimmten Jahr das Geld ausgeht, erhebt sie einfach eine zusätzliche Gebühr von ihren Mitgliedsbanken, um das Defizit zu decken. In den 90 Jahren, in denen die FDIC das Geld der Einleger versichert hat, hat sie die Regierung nicht ein einziges Mal einen Penny gekostet.

Nr. 71

„Ein angezündetes Streichholz kann einen Flächenbrand verursachen oder es kann ausgeblasen werden.“ [2]

Hier spricht Warren über die Bankenkrise im Silicon Valley im Jahr 2023. Zum Hintergrund: In den Jahren 2020 und 2021, als die Zinsen extrem niedrig waren, fiel die Rendite einjähriger US-Staatsanleihen auf 0,1 bis 1,0 Prozent. Das bedeutet, dass 100 Millionen Dollar, die in einjährige Staatsanleihen investiert wurden, 100.000 Dollar pro Jahr an Zinsen einbrachten. Die Rendite zehnjähriger US-Staatsanleihen fiel dagegen auf 0,7 Prozent, was bedeutet, dass 100 Millionen Dollar, die in zehnjährige Staatsanleihen investiert wurden, 700.000 Dollar pro Jahr einbrachten. Eine Reihe von Banken beschloss, sich Renditen zu sichern, indem sie zehnjährige Staatsanleihen kauften. Das schien eine sichere Sache zu sein, denn es handelte sich um US-Staatsanleihen.

Doch im Jahr 2022 begann die Federal Reserve Bank die Zinsen zu erhöhen und die Banken, die Positionen in diesen zehnjährigen Staatsanleihen hielten, begannen Geld zu verlieren. (Wenn die Rendite der neuen zehnjährigen Staatsanleihen steigt, sinkt der Wert der älteren, niedriger verzinsten Staatsanleihen.) Einige Banken verkauften ihre Positionen und nahmen den Verlust hin. Einige Banken taten dies jedoch nicht, weil sie den Verlust nicht in ihren Gewinn- und Verlustrechnungen ausweisen wollten. Sie beschlossen, ihre Verlustpositionen zu halten, in der Hoffnung, dass der Zinsanstieg nicht zu stark ausfallen würde. Doch die Zinsen stiegen weiter und bei mehreren Banken, die an ihren zehnjährigen Staatsanleihen festhielten, sah es aus, als würden sie insolvent werden.

Die Einleger bekamen Wind von der Gefahr, in der sich diese Banken befanden, und zogen ihr gesamtes Geld ab. Per Onlinebanking war dies problemlos möglich. Die Banken, die sich Geld beschaffen mussten, um die Forderungen ihrer Einleger zu erfüllen, verkauften ihre zehnjährigen Anleihen mit großen Verlusten, was einige von ihnen an den Rand der Insolvenz brachte. Dies löste noch mehr Panik aus und die Menschen zogen ihr Geld aus vielen kleineren Banken ab, auch aus solchen, die nicht in Schwierigkeiten waren. Dadurch geriet das gesamte Finanzsystem in die Gefahr, zusammenzubrechen. Als Reaktion auf die drohende Katastrophe schritt die Regierung der Vereinigten Staaten ein und erklärte, dass die Einlagen unabhängig von ihrer Höhe oder der Person des Einlegers von der US-Regierung geschützt würden. Damit wurde der Ansturm auf die Banken gerade noch rechtzeitig gestoppt. Onkel Sam löschte das Streichholz, bevor es einen finanziellen Flächenbrand auslösen konnte, der das gesamte Bankensystem der Vereinigten Staaten hätte zerstören können.

Kapitel 13

Warren Buffett über Investments in Japan, China und im Rest der Welt

Nr. 72

„Ich bin überzeugt, dass Anlageprinzipien nicht an Grenzen haltmachen. Wenn ich in China, Indien, Großbritannien oder Deutschland investieren würde, würde ich genau dieselben Grundsätze anwenden.“ [1]

Warren fuhr fort: „Ich betrachte Aktien als kleine Teile von Unternehmen – Investmentschwankungen sind dazu da, mir zu nützen, und nicht, mir zu schaden – und ich konzentriere meine Aufmerksamkeit auf Unternehmen, deren Wettbewerbsvorteil ich zu verstehen glaube und bei denen ich zu wissen glaube, wie sie in fünf oder zehn Jahren aussehen werden.“

Seltsamerweise ist das Anlageverhalten der Menschen weltweit überwiegend kurzfristig ausgerichtet, unabhängig von Sprache und Kultur. Alle Volkswirtschaften erleben Haussen, in denen Unternehmen überbewertet werden, und alle erleben Baissen und panikartige Ausverkäufe. In allen gibt es einige wenige Unternehmen, die eine Art dauerhaften Wettbewerbsvorteil haben, der ihnen zugutekommt. In allen gibt es Unternehmen, die Booms und Pleiten erleben werden und die sich nur schwer bewerten lassen. Und in allen gibt es kurzsichtige Investmentprofis, die Unternehmen falsch bewerten und damit Chancen für langfristige Value-Investoren schaffen, die Warrens Prinzipien befolgen.

Nr. 73

„Die japanischen Investitionen waren problemlos. Es gab fünf sehr starke, gut zu verstehende Unternehmen, die anständige Dividenden zahlten und ihre Aktien zurückkauften und bei denen Berkshire das Währungsrisiko durch den Verkauf von auf Yen lautenden Schuldtiteln zur Finanzierung des Verkaufs steuern konnte.“ [2]

Im Jahr 2021 gab Warren den Gegenwert von 6,7 Milliarden Dollar in Japanischen Yen aus, um sich in fünf große japanische Handelshäuser – sogenannte „Sogo Shosha“ – einzukaufen: Mitsui & Co, Ltd, Mitsubishi Corporation, Itochu Corporation, Marubeni Corporation und Sumitomo Corporation.

Da Japan ein Inselstaat ist, der über keine eigenen natürlichen Ressourcen verfügt, ist das Land vollständig von der Einfuhr vieler Materialien abhängig, die für die Herstellung und das tägliche Leben benötigt werden. Dazu gehören Baumwolle, Erdöl, Erdgas, Stahl, Mineralien, Rindfleisch und viele im Ausland hergestellte Konsum- und Industrieprodukte. Japanische Handelsunternehmen erleichtern die Einfuhr dieser Materialien und Produkte mit ihren eigenen internationalen Niederlassungen und Handelspartnern in der ganzen Welt. Sie exportieren auch in Japan hergestellte Produkte in den Rest der Welt.

Alle fünf Handelsunternehmen können auf eine lange Geschichte der Gewinnsteigerung und des Rückkaufs ihrer Aktien zurückblicken. Was sie jedoch wirklich zu verlockenden Investitionen machte, war die Tatsache, dass sie alle eine Dividende von etwa zwei Prozent zahlten und sich Warren den Yen-Gegenwert von 6,7 Milliarden Dollar auf dem Yen-Anleihemarkt zu einem durchschnittlichen Zinssatz von 0,6 Prozent leihen konnte – was bedeutet, dass er 1,4 Prozent (93,8 Millionen Dollar) pro Jahr an der Differenz zwischen der zweiprozentigen

Dividende, die er erhielt, und den 0,6 Prozent Zinsen, die er zahlen musste, verdiente (2 % – 0,6 % = 1,4 %). Da die Dividendenausschüttung der Handelshäuser in Yen erfolgt, kann Warren die Yen-Dividende zur Zahlung der Yen-Zinsen für die auf Yen lautenden Anleihen verwenden. Die Währungsschwankungen zwischen dem Dollar und dem Yen kommen also erst in vielen Jahren zum Tragen, wenn Warren die japanischen Investments verkauft und die Kapitalgewinne von Berkshire zurück in die Vereinigten Staaten transferiert.

Ende 2023 kündigte Berkshire an, dass es wieder auf dem japanischen Anleihemarkt tätig sei und noch mehr Yen aufnehme, sodass sich die Gesamtverschuldung in Japanische Yen auf den Gegenwert von 8,8 Milliarden Dollar erhöhe. Berkshire gab außerdem bekannt, dass es seine Aktienpositionen in den fünf japanischen Handelsunternehmen auf etwa neun Prozent der insgesamt ausstehenden Aktien aufstocken würde. Warren gab bekannt, dass Berkshire im Jahr 2024 bereits einen Gewinn von mehr als acht Milliarden Dollar aus seinen Investitionen in diese fünf japanischen Handelshäuser erwirtschaftet hat.

Nr. 74

„Im Kapitalismus ist dauerhafte Effizienz erforderlich.“ [3]

In einer kapitalistischen Marktwirtschaft schafft Innovation neue Geschäftsgelegenheiten, aber sobald sich der anfängliche Wettbewerbsstaub gelegt hat, sind die verbleibenden Konkurrenten in einen Kampf um Effizienz verwickelt. Und warum? Weil Effizienz im Laufe der Zeit niedrigere Kosten bedeutet und niedrigere Kosten die Rentabilität des Unternehmens erhöhen, was seine Wettbewerbsfähigkeit steigert und langfristig seine Überlebenschancen in einem hart umkämpften Markt verbessert.

Dieser Konkurrenzkampf um Effizienz zeigt sich am deutlichsten in der Siliziumchip-Industrie, die im kalifornischen Silicon Valley, einer Hochburg der technologischen Innovation, ihren Anfang nahm. Zu Beginn beherrschten frühe Innovatoren wie Fairchild Semiconductor den Markt für Siliziumchips. Doch im Laufe der Zeit begannen immer mehr Konkurrenten Siliziumchips zu produzieren. Die verschiedenen Unternehmen begannen miteinander zu konkurrieren, indem sie die Chips immer effizienter machten und immer mehr Transistoren auf einem Chip unterbrachten. Dann begannen sie über die effizientere Gestaltung ihrer Produktionsmethoden zu konkurrieren: Sie senkten die Produktionskosten und die Preise, damit ihre Chips auf dem Markt wettbewerbsfähiger wurden. Auf der Suche nach Effizienz begannen die Unternehmen dann, die Produktion aus den Vereinigten Staaten in Länder mit niedrigeren Arbeitskosten wie Japan, Korea und Taiwan zu verlagern. Schließlich hat das Streben nach Effizienz dazu geführt, dass sich die Siliziumchip-Industrie hochgradig spezialisiert hat und Unternehmen wie Intel und Samsung ihre eigenen Chips entwickeln, herstellen und verkaufen. Dann gibt es Unternehmen wie Nvidia, Qualcomm und AMD, die Chips entwerfen und verkaufen, diese aber von Foundrys wie TSMC in Taiwan herstellen lassen. In der Welt des wettbewerbsorientierten Kapitalismus könnte man Charles Darwins Theorie vom „Überleben des am besten Angepassten" leicht in „Überleben des Effizientesten" umformulieren.

Nr. 75

„In China werden Sie eine Fülle von Möglichkeiten finden. Charlie würde sagen, dass Sie in China sogar ein besseres Jagdrevier haben als eine Person mit einem ähnlichen Kapital in den Vereinigten Staaten.“ [4]

Die Vereinigten Staaten mit einem BIP von 23,02 Billionen Dollar haben zwischen 6.000 und 7.000 börsennotierte Unternehmen an ihren Börsen. China hat ein BIP von 17,7 Billionen Dollar und zählt in Festlandchina und Hongkong zusammen 7.679 einzelne börsennotierte Unternehmen. Wie auch immer wir es betrachten, Chinas riesige Zahl börsennotierter Unternehmen in Verbindung mit seiner starken Wirtschaft hat Warrens Jagdrevier für künftige Investitionen praktisch verdoppelt.

Nr. 76

„Was China in den letzten 50 bis 60 Jahren geschafft hat, ist ein absolutes Wirtschaftswunder. Ich hätte nie gedacht, dass das möglich ist. Aber die Wahrheit ist, dass sie genauso klug sind wie wir, dass sie genauso hart arbeiten wie wir und dass sie von einer niedrigeren Basis aus ein Wirtschaftswachstum erzielen können, das das unsere prozentual für lange Zeit übertreffen wird. China steht genau wie uns eine große wirtschaftliche Zukunft bevor.“ [5]

Im Jahr 1990 produzierte Amerika 27 Prozent der weltweit hergestellten Produkte und China 3 Prozent. Heute stellt China etwa 28 Prozent der weltweiten Produkte her – gegenüber 16 Prozent in den Vereinigten Staaten. China konsumiert 13 Prozent der weltweiten Produkte, während Amerika etwa 20 Prozent konsumiert. China ist auf Exporte angewiesen, um seinen Wirtschaftsmotor in Gang zu halten – Amerika ist auf Importe angewiesen, um seine Verbraucher bei Laune zu halten. China hat einen Handelsüberschuss, während Amerika ein Handelsdefizit aufweist. China besitzt US-Staatsanleihen im Wert von 868 Milliarden Dollar, Amerika besitzt chinesische Staatsanleihen im Wert von weniger als einer Milliarde Dollar. Amerika konsumiert zwischen 15 und 20 Prozent der von China hergestellten Produkte. Ein Wirtschaftskrieg zwischen den beiden Ländern wäre für beide Länder verheerend, weil ihre Volkswirtschaften so eng miteinander verflochten sind.

Nr. 77

„Ich glaube, dass China und die Vereinigten Staaten dazu bestimmt sind, über die Generation meiner Urenkel hinaus die Supermächte zu sein. Sie werden immer Konkurrenten sein, in der Wirtschaft, bei Ideen, in allen möglichen Bereichen … Wir müssen dafür sorgen, dass der Wettbewerb nicht so weit geht, dass wir nicht mehr erkennen, dass die beste Welt eine ist, in der sowohl die Vereinigten Staaten als auch China gedeihen." [6]

Seien wir doch mal ehrlich: Konflikte zwischen den Supermächten sind unvermeidlich – das liegt in ihrer Natur. Sie konkurrieren ökonomisch, in Sachen Ideen und auf hundert verschiedene Arten, an hundert verschiedenen Fronten. Aber der einzige Art, auf die wir sie nicht miteinander konkurrieren sehen wollen, ist die militärische. Ein Krieg bringt keinerlei Vorteile. Das ist eine der Schönheiten des Kapitalismus der freien Marktwirtschaft: Jede geschäftliche Transaktion ist ein ausgehandelter, wechselseitiger, altruistischer Austausch: Du bekommst, was du wolltest, ich bekomme, was ich wollte – wir profitieren beide. Wir tun dies jedes Mal, wenn wir in ein Geschäft gehen und etwas kaufen. Die gleiche Art von Transaktionen findet zwischen Amerikanern und Chinesen – direkt und indirekt – eine Million Mal am Tag statt und die Menschen in beiden Ländern profitieren davon, was viele Menschen auf beiden Seiten zum Lächeln bringt.

Natürlich hat Amerika gegenüber China Jahr für Jahr ein ärgerliches Handelsdefizit. Die USA exportieren jedes Jahr Waren und Dienstleistungen im Wert von 195 Milliarden Dollar nach China und China exportiert Waren und Dienstleistungen im Wert von 562 Milliarden Dollar nach Amerika. Das bedeutet, dass Amerika ein Handelsdefizit von 367 Milliarden Dollar mit China hat. Diese Zahl ist für sich betrachtet aber sehr trügerisch, denn sie bildet nicht das Geld ab, das amerikanische Unternehmen durch ihre Geschäfte in China über ihre chinesischen Tochtergesellschaften verdienen.

Bedenken Sie: Das amerikanische Unternehmen Yum!Brands, zu dem KFC, Pizza Hut und Taco Bell gehören, betreibt in China über 14.100 Restaurants in 2.000 Städten, was fast 70 Prozent der weltweiten Yum-Filialen ausmacht. Die Chinesen sind begeistert von KFC-Brathühnchen – 10.000 der Yum-Restaurants in China sind KFC-Restaurants. Für Yum trägt der chinesische Markt etwa 40 Prozent zum Umsatz von 7,04 Milliarden Dollar bei. Dennoch werden die Einnahmen von Yum in China bei der Berechnung des Handelsdefizits zwischen den beiden Ländern nicht berücksichtigt. Und warum? Weil das Handelsdefizit hauptsächlich physische Waren erfasst, die die Grenzen zwischen den beiden Ländern überqueren. Die 10.000 KFC-Restaurants von Yum, die jedes Jahr ein Drittel der 1,4 Milliarden Chinesen mit Colonel Sanders' feinstem Brathähnchen versorgen, sind darin nicht enthalten.

Daher möchten wir einen Schlussstrich unter dieses Thema mit den beiden folgenden abschließenden Gedanken ziehen: (1) In einem Bericht der Boston Consulting Group aus dem Jahr 2020 wird geschätzt, dass amerikanische Unternehmen rund 410 Milliarden Dollar an Einnahmen aus Yum-ähnlichen Direktverkäufen in China erzielen. Damit wäre das Handelsdefizit von 367 Millionen Dollar, das Amerika angeblich mit China hat, so gut wie ausgeglichen. Und (2) lieben wir Amerikaner unsere iPhones, die in China zusammengebaut werden – gute Arbeit, Leute! Und wir hoffen wirklich, dass Millionen von Chinesen weiterhin das köstliche Brathähnchen von KFC so sehr lieben wie wir unsere iPhones! Sie sehen, es ist eine Win-win-Situation – auf beiden Seiten nur glückliche Gesichter.

Kapitel 14

Warren Buffett über Kryptowährungen und Gold als Geldanlagen

Nr. 78

„Kryptowährungen sind wie Rattengift hoch zwei." [1]

Warren fuhr fort: „Im Grunde genommen haben Kryptowährungen keinen zugrunde liegenden Wert und sie produzieren nichts ... Ich könnte alle Bitcoin der Welt besitzen und die einzige Möglichkeit, damit Geld zu verdienen, ist, wenn ich jemand anderen dazu bringe, sie mir abzukaufen ... Die Tatsache, dass sie keinen inneren Wert haben, hält die Leute nicht davon ab, Roulette zu spielen ... Die Kryptowährungen werden ein böses Ende nehmen."

Der US-Dollar ist sowohl eine Papier- als auch eine elektronische Digitalwährung. Digitales Geld fliegt jeden Tag auf elektronischem Wege um die Welt, und zwar mit einem einzigen Mausklick. Man verwendet jeden Tag digitale Dollar, wenn man mit einer Bank- oder Kreditkarte bezahlt.

In den Vereinigten Staaten war der Papier-US-Dollar die meiste Zeit des 20. Jahrhunderts durch Gold gedeckt. Die amerikanische Regierung druckte Dollar und diese Dollar gingen ins Ausland und die Menschen in der ganzen Welt tauschten ihre Dollar gegen amerikanisches Gold ein. Irgendwann ging dem US-Finanzministerium das Gold aus. Also hörte Amerika auf, Dollar gegen Gold zu tauschen. Heute ist das Einzige, was den Dollar stützt, das Gesetz, das besagt, dass der Dollar ein gesetzliches Zahlungsmittel ist, um alle Schulden in Amerika zu bezahlen. Die Tatsache, dass man seine Dollar bei Walmart gegen einen neuen Rasenmäher oder beim Subaru-Händler gegen ein neues Auto eintauschen kann, macht den Wert des Dollar aus. Und wenn man den Rasenmäher mit einer Kreditkarte oder das Auto mit einem Scheck bezahlt, verwendet man digitale Dollar.

Auf internationaler Ebene hat die amerikanische Wirtschaft nach dem Zweiten Weltkrieg die Welt so sehr dominiert, dass der US-

Dollar zur De-facto-Währung im internationalen Handel wurde. Saudi-Arabien preist sein Öl in Dollar und erwartet, dass es in digitalen Dollar bezahlt wird, die elektronisch zwischen Konten bei der Federal Reserve Bank übertragen werden.

Nur zwei Länder der Welt – El Salvador und die Zentralafrikanische Republik – erkennen eine Kryptowährung als gesetzliches Zahlungsmittel an. In allen anderen Ländern der Welt muss man Kryptowährungen in die Landeswährung umtauschen, um seine Hotelrechnung zu bezahlen, ein Flugticket zu kaufen oder seine Steuern zu zahlen. Die Realität sieht so aus: Wenn man eine Kryptowährung besitzt, muss man sie in Dollar oder Euro oder eine andere Währung umtauschen, um sie auszugeben, was bedeutet, dass man sie verkaufen muss. Man kann Kryptowährungen nicht bei einer herkömmlichen Bank anlegen und dafür Zinsen kassieren. Ihr größter Nutzen liegt in ihrer Quasi-Anonymität – staatliche Aufsichtsbehörden haben es schwer, herauszufinden, wer Kryptowährungen besitzt. Sie werden verwendet, um die Art von kommerziellen Transaktionen zu erleichtern, die manche Leute lieber geheim halten würden. Kryptowährungen haben keinen inhärenten wirtschaftlichen Wert. Ihr einziger Investitionswert ist rein spekulativer Natur: Die Menschen spekulieren darauf, ob ihr Preis – in Dollar – steigen oder fallen wird. Und wenn Menschen auf etwas spekulieren, das keinen inhärenten wirtschaftlichen Wert beseitzt, können die Preise sehr, sehr hoch steigen und sehr, sehr tief fallen – bis auf null. Der Teil dieser Gleichung, den Warren nicht mag, ist die Null.

Nr. 79

„Gold wird in Afrika oder anderswo aus dem Boden gegraben. Dann schmelzen wir es ein, graben ein weiteres Loch, bauen einen Tresor und vergraben es wieder. Dann bezahlen wir Menschen, die es bewachen. Jeder, der vom Mars aus zusähe, würde sich am Kopf kratzen." [2]

Warren argumentiert, dass man einen Bauernhof oder ein Wohnhaus vermieten kann, wenn man es besitzt. Wenn man Aktien besitzt, besitzt man Anteile an Unternehmen, die Geld verdienen. Wenn man 100.000 Dollar in bar hat, kann man sie auf ein Bankkonto legen und dafür Zinsen bekommen. Wenn man Gold besitzt, handelt es sich um einen Vermögenswert, der keine Erträge abwirft. Man kann nur dann darauf hoffen, damit Geld zu verdienen, wenn man jemanden dazu bringen kann, es einem in Zukunft für mehr Geld abzukaufen, als man dafür bezahlt hat. Warren war schon immer der Meinung, dass Investitionen auf der Grundlage von Hoffnungen eine wirklich schlechte Idee sind.

Kapitel 15

Warren Buffett über die Gefahren des Einsatzes von Hebelwirkungen/Fremdkapital

Nr. 80

„In dieser Welt braucht man nicht viel Fremdkapital. Wenn man klug ist, verdient man eine Menge Geld, ohne Kredite aufzunehmen.“ [1]

Leverage oder Hebelwirkung ist nur ein anderer Name für Schulden. Der Reiz des Einsatzes von Leverage (Schulden) besteht darin, dass Hedgefonds-Manager und Investmentbanken damit noch mehr Geld verdienen können. Nehmen wir an, ein Investmentfonds hat 200 Millionen Dollar an Anlegergeldern in Aktien investiert. Dann kann er mit diesen 200 Millionen Dollar in Aktien eine Bank dazu bringen, ihm weitere 200 Millionen Dollar zu vier Prozent Jahreszins zu leihen. Damit verfügt der Fonds nun über insgesamt 400 Millionen Dollar, die er investieren kann. Wenn der Fonds ein gutes Jahr hat und auf diese 400 Millionen Dollar eine Rendite von 20 Prozent erzielt, hat er 80 Millionen Dollar verdient, abzüglich der Zinskosten von acht Millionen Dollar, was eine Gesamtrendite von 72 Millionen Dollar ergibt. Und jetzt kommt der Clou: Eine Rendite von 72 Millionen Dollar auf die 200 Millionen Dollar der Investoren ergibt eine Rendite von 36 Prozent. Ohne die zusätzliche Hebelwirkung hätte die Rendite nur 20 Prozent betragen. Von den 5,5 Billionen Dollar, die amerikanische Investmentfonds verwalten, sind etwa 2,5 Billionen Dollar geliehenes Geld.

Aber hier liegt die Gefahr: Der Einsatz von Hebelwirkungen kann nicht nur die Gewinne dramatisch erhöhen, wenn es gut läuft, sondern auch die Verluste, wenn es gegen einen läuft. Investmentbanken setzen viel mehr Leverage ein als Hedgefonds. Wie viel mehr? Die berühmte Wall-Street-Investmentbank Lehman Brothers hatte ein Verhältnis von 28 zu 1 zwischen Schulden und Eigenkapital – 618 Milliarden Dollar Schulden –, als sie unterging. Als die fremdfinanzierten Wetten gut liefen, zahlte sich das Managementteam der Bank Hunderte Millionen Dollar an Boni aus. Doch als sich das Glück gegen sie wendete, wurden durch den massiven Einsatz von Fremdkapital innerhalb weniger Tage 22 Milliarden Dollar an Eigenkapital vernichtet, was Karrieren beendete und das 158 Jahre alte Unternehmen in den Konkurs trieb.

Warren hat es bei Berkshire immer vermieden, große Mengen an Fremdkapital einzusetzen. Er hat es auch vermieden, in Unternehmen zu investieren, die ein hohes Verhältnis von Schulden zu Eigenkapital aufweisen. Das Ergebnis ist, dass Berkshire sehr leicht zu verdienendes Geld auf dem Tisch liegen gelassen hat. Aber es bedeutet auch, dass Warren und die Berkshire-Aktionäre nachts besser schlafen können.

Nr. 81

„Sowohl Charlie als auch ich haben es wahrscheinlich erlebt, dass einige hochintelligente Menschen – wirklich außerordentlich hochintelligente Menschen – durch Leverage ruiniert wurden.“ [2]

Warren bezieht sich hier auf den Zusammenbruch von Long-Term Capital Management (LTCM), einem Hedgefonds, der Ende der 1990er-Jahre von dem berühmten Wall-Street-Anleihehändler John Meriwether gegründet wurde. Meriwether brachte 1994 einige der klügsten Köpfe von der Wall Street und aus der Wissenschaft zusammen, darunter promovierte Mathematiker und Wirtschaftswissenschaftler, von denen mehrere Nobelpreisträger waren. Diese brillanten Köpfe entwickelten Strategien für Investitionen in Anleihen und Derivate, bei denen sie enorme Mengen an Fremdkapital einsetzten, die, wenn alles gut lief, unverschämte Renditen auf das investierte Eigenkapital ihrer Kommanditisten einbrachten.

Meriwethers Team nutzte Anleihe-Spreads, um Geld zu verdienen und gleichzeitig die Geschäfte von LTCM vor Abwärtsrisiken zu schützen. Sie ermittelten die historische Spanne zwischen sehr ähnlichen Anleihen, zum Beispiel die Renditespanne zwischen zweijährigen Staatsanleihen, die im Januar und März gehandelt wurden. Wenn sich der Rendite-Spread zwischen Januar- und März-Schatzanleihen im Vergleich zum historischen Durchschnitt stark verringerte oder erhöhte, kaufte LTCM die eine und verkaufte die andere und setzte darauf, dass sich der Abstand irgendwann in der Zukunft wieder verringern würde – was auch immer geschah, da es sich im Wesentlichen um dieselbe Anleihe handelte, nur mit unterschiedlichen Verfallsdaten.

Mit dieser Strategie verdiente LTCM oft ein Prozent oder weniger pro Trade. Das mag nicht viel sein, aber multipliziert man ein Prozent mit dem Kapital von 124,5 Milliarden Dollar, mit dem das Unternehmen arbeitete, ergibt sich ein Gewinn von 1,24 Milliarden Dollar. Wenn man ein paar Mal im Jahr 1,24 Milliarden Dollar verdient, erhält man eine unverschämte Rendite auf die 4,7 Milliarden Dollar, die die Anleger in LTCM investiert hatten. Im zweiten Jahr seiner Tätigkeit erwirtschaftete Meriwether für seine Anleger eine Rendite von 43 Prozent auf ihr in LTCM investiertes Kapital in Höhe von 4,7 Milliarden Dollar und im dritten Jahr erzielte er eine Rendite von 41 Prozent. Aber hier liegt die Gefahr der Hebelwirkung: LTCM verfügte über ein Kapital von 124,5 Milliarden Dollar, wovon nur 4,7 Milliarden Eigenkapital von Investoren/Kommanditisten und die anderen 119,8 Milliarden Dollar von Wall-Street-Banken geliehen waren. Das Verhältnis von Schulden zu Eigenkapital betrug bei LTCM 26:1.

Warum sollte eine Wall-Street-Bank so viel Geld gegen so wenig Eigenkapital verleihen? Weil LTCM auch die von ihm gekauften Anleihen als Sicherheiten stellte. LTCM kaufte Anleihen im Wert von 119,8 Milliarden Dollar und diese Anleihen wurden als Sicherheiten für ein Darlehen der Banken in Höhe von 119,8 Milliarden Dollar gestellt. Deshalb schien es für die Banken sicher, LTCM so viel Geld gegen so wenig Eigenkapital zu leihen.

Mehrere Jahre lang lief alles bestens. LTCM scheffelte für seine Anleger buchstäblich Geld. Doch dann, im Sommer 1998, schockierte die russische Regierung die Welt, indem sie ihre Staatsschulden nicht mehr bedienen konnte, den Rubel abwertete und ein Zahlungsmoratorium für ausländische Gläubiger verkündete – alles in einer Woche. Dies löste eine Panik auf dem Anleihemarkt aus und die Spreads von LTCM bewegten sich allesamt in die falsche Richtung, was dazu führte, dass das Unternehmen einen massiven Verlust auswies, der weitaus größer war als das Eigenkapital von 4,7 Milliarden Dollar. Als dies geschah, wollten die Banken, die LTCM insgesamt 119,8 Milliarden Dollar geliehen hatten, entweder (1) mehr Sicherheiten oder (2) ihr Geld zurück – und LTCM hatte beides nicht. Buchstäblich über Nacht wurde LTCM zahlungsunfähig. Die Federal Reserve Bank of New York schaltete sich ein und brachte eine Gruppe von Wall-Street-Banken zusammen, die die Kontrolle über LTCM übernahmen. Die Anleger verloren schließlich den größten Teil ihrer 4,7 Milliarden Dollar schweren Investition.

Warrens Weisheit lautet an diesem Punkt, dass eine Kombination aus enorm klugen Menschen und großen Mengen an Leverage zu einem katastrophalen Resultat führen kann. Wir könnten hinzufügen, dass die Kombination von Menschen mit nur durchschnittlicher Intelligenz und großen Mengen an Leverage zu dem gleichen tragischen Ende führen kann.

Nr. 82

„Hundertprozentige Sicherheit gibt es bei Investitionen nicht. Deshalb ist der Einsatz von Leverage gefährlich. Eine Reihe wunderbarer Zahlen mal null wird immer null ergeben. Verlassen Sie sich nicht darauf, zweimal reich zu werden." [3]

Hier zitiert Warren Charlie. Dieser ist ebenfalls der Meinung, dass der Kauf von Aktien eines Unternehmens mit einem dauerhaften Wettbewerbsvorteil in einem Abwärtsmarkt die Erfolgschancen dramatisch erhöhen kann. Er weiß aber auch, dass es keine hundertprozentig sichere Sache ist. Deshalb ist der Einsatz von Schulden und Fremdkapital gefährlich und absolut idiotisch, wenn man bereits reich ist. Diese Tragödie wiederholt sich in der Welt der Geldanlage jedoch regelmäßig.

Die Hebelwirkung hat schon einige Giganten wie Lehman Brothers, Bear Stearns, Long-Term Capital Management und Archegos Capital Management zu Fall gebracht (das von Bill Hwang geleitete Family Office wurde 2021 durch Hwangs hochgradig fremdfinanzierte Wetten auf eine Handvoll Technologie-Aktien, die gen Süden liefen, zu Fall gebracht). Wenn einige der klügsten Köpfe, die jemals an der Wall Street tätig waren, durch den Einsatz von Hebelwirkungen ausradiert wurden, dann kann man sich vorstellen, welche katastrophalen Folgen dies für den Rest von uns haben könnte.

Kapitel 16

Warren Buffett über ein glücklicheres und produktiveres Leben

Nr. 83

„Wenn man in sich selbst investiert, kann einem das niemand wegnehmen.“ [1]

Warren glaubt, dass die beste Investition für die meisten Menschen darin besteht, in ihre eigenen Fähigkeiten oder ihr eigenes Unternehmen zu investieren, bevor sie in Devisen, Rohstoffe, Aktien, Anleihen, börsengehandelte Fonds und dergleichen investieren. Man kann an den Märkten leicht Geld verlieren und man kann seinen Job verlieren, aber es ist praktisch unmöglich, seine Bildung, seine Fähigkeiten oder sein Talent zu verlieren.

Nr. 84

„Ich habe schon ziemlich früh im Leben beschlossen, dass mein Lieblingsarbeitgeber ich selbst bin.“ [2]

Warren war schon immer ein glücklicher Selbstständiger. Als er noch in der Grundschule war, begann er, Coca-Cola für fünf Cent pro Flasche von Tür zu Tür zu verkaufen. Um Geld zu verdienen, fuhr er mit dem Fahrrad zur Pferderennbahn und suchte dort nach versehentlich weggeworfenen Tickets, die einen oder zwei Dollar wert sein konnten. Er erstellte sogar ein Tippblatt für Pferderennen mit dem Namen „Stable-boy Selections“, das er für drei Dollar pro Stück verkaufte. Mit seinen Ersparnissen von der Rennbahn kaufte er im Alter von elf Jahren seine ersten Aktien, drei Vorzugsaktien von Cities Service für 38,25 Dollar. Als er 15 war, trug er die *Washington Post* aus und verdiente über 175 Dollar im Monat. Im Alter von 17 Jahren kaufte er einen gebrauchten Flipperautomaten und stellte ihn in einem örtlichen Friseursalon auf; schließlich besaß er ein Flipper-Imperium von drei Automaten und verdiente damit 50 Dollar pro Woche. Als Warren 1947 das College verließ, hatte er satte 9.800 Dollar angehäuft – das klingt heute vielleicht nach nicht viel, aber damals hätte er sich damit ein schönes Mittelklassehaus in Omaha und ein neues Auto leisten können.

Nr. 85

„Wenn man lernt, besser zu kommunizieren – schriftlich und persönlich –, steigert man seinen Wert um mindestens 50 Prozent. Wenn man nicht kommunizieren kann, ist das so, als würde man einem Mädchen im Dunkeln zuzwinkern. Es passiert nichts." [3]

In seinen Anfangsjahren hatte Warren eine Heidenangst davor, vor Publikum zu reden. Er sagt: „Ich hatte schreckliche Angst ... Ich würde mich übergeben müssen, wenn ich das tun müsste – also belegte ich einen Dale-Carnegie-Kurs über Reden in der Öffentlichkeit. Das hat mein Leben wirklich verändert." Warren bewahrt sein hochgeschätztes Dale-Carnegie-Diplom eingerahmt an der Wand seines Büros auf.

Nachdem Warren den Kurs besucht hatte, hielt er einen Abendkurs an der University of Nebraska, um seine Redekünste zu verfeinern. Zwei seiner frühen Investoren, Dr. Bill und Carol Angle, besuchten diesen Kurs und sie waren so beeindruckt von dem jungen Mann, dass sie Warren 30.000 Dollar für seinen Investmentfonds gaben. Nachdem Warren seinen Fonds in den späten 1960er-Jahren geschlossen hatte, folgten ihm die Angles zu Berkshire Hathaway. Bis 2010 war ihre anfängliche Investition von 30.000 Dollar auf einen Wert von mehr als 300 Millionen Dollar in Berkshire-Aktien angewachsen. Wenn die Angles ihre Berkshire-Aktien heute noch besitzen würden, wären sie weit über eine Milliarde Dollar wert.

Nr. 86

„Der einzige Weg, Liebe zu erfahren, ist, liebenswert zu sein. Es ist sehr irritierend, wenn man eine Menge Geld hat. Man möchte glauben, dass man einen Scheck ausstellen kann: ‚Ich kaufe Liebe im Wert von einer Million Dollar.' Aber so funktioniert es nicht. Je mehr Liebe man verschenkt, desto mehr bekommt man." [4]

Warren hat erzählt, dass er einen sehr liebevollen Vater und eine etwas distanzierte Mutter hatte. Aber seine erste Frau, Susie, war die Königin der Liebe. Sie überschüttete Freunde und Verwandte mit Zuneigung. Die Tür ihres Hauses in Omaha, eines der oberen Mittelschicht, stand immer offen für jedenaus der Nachbarschaft, der vorbeikam. Wenn man einen schlechten Tag hatte, konnte man im Haus der Buffetts vorbeischauen, und sie begrüßte einen mit einem Lächeln voller Wärme. Susie war es, die Warren lehrte, dass Liebe wirklich Liebe hervorbringt. Und obwohl sie nicht mehr unter uns weilt, strahlt Warren weiterhin die Wärme und Liebe aus, die Susie mit allen geteilt hat.

Übrigens lebt Warren auch heute noch in dem Haus, in dem er und Susie ihre drei Kinder liebevoll aufgezogen haben.

Nr. 87

„Wenn du dich mit Leuten herumtreibst, die sich schlechter benehmen als du, wirst du schon bald in diese Richtung gezogen.“ [5]

Warren ist ein großer Befürworter des Umgangs mit Menschen, die intelligenter sind als man selbst, und außergewöhnlicher Menschen als Vorbilder – sie machen einen besser, nicht schlechter. Wenn man nicht mit ihnen befreundet sein kann, rät er: „Suchen Sie sich einfach die Person aus, die Sie im Leben am meisten bewundern, setzen Sie sich hin und schreiben Sie die Gründe auf, warum Sie sie bewundern ... Nichts könnte einfacher sein, als herauszufinden, was man bewundernswert findet, und dann zu entscheiden, dass die Person, die man *wirklich* bewundern möchte, man selbst ist. Und der einzige Weg, dies zu tun, besteht darin, die Eigenschaften anderer Menschen, die man bewundert, zu übernehmen.“ Die Menschen, die Warren in seinem Leben am meisten bewunderte, waren sein Vater, der Börsenmakler Howard, der berühmte Baseballspieler Ted Williams und die graue Eminenz der Wall Street, Benjamin Graham. Baseball lehrte Warren die Liebe zu Statistiken, sein Vater lehrte ihn Ehrlichkeit und führte ihn in den Aktienmarkt ein; Graham lehrte ihn, wie man durch den Kauf unterbewerteter Unternehmen ein Vermögen macht. Seitdem hat Warren immer wieder Homeruns erzielt.

Nr. 88

„Wenn Sie Beweise finden, die im Widerspruch zu Ihrer bisherigen Meinung stehen, schreiben Sie sie auf, sonst wird Ihr Verstand sie verdrängen. Die Menschen sträuben sich massiv gegen neue Beweise." [6]

Der Verstand ist ein effizienter Biocomputer und wenn er einmal eine Entscheidung getroffen hat, ist er resistent dagegen, diese zu ändern. Der biologische Grund dafür ist, dass wir, wenn wir ständig unsere Meinung ändern, nie etwas zustande bringen, was letztlich unserem Überleben abträglich wäre. Das Aufschreiben gegenteiliger Informationen zwingt uns, uns direkt damit auseinanderzusetzen, und setzt eine Lernsoftware in Gang, die das Neue gegen das Alte abwägt. Warren erlebte dieses Phänomen, als er von der Graham'schen Art des Investierens – dem Kauf von Unternehmen zum halben Buchwert – abrückte und begann, langfristig in außergewöhnliche Unternehmen zu investieren, die einen dauerhaften Wettbewerbsvorteil genossen. Warren tat sich anfangs sehr schwer mit der Umstellung. Jedes Mal, wenn er sich anschickte, das neue Mantra zu ignorieren, ließ er Charlie es rezitieren – und irgendwann hatte Warren es verinnerlicht.

Nr. 89

„Ich habe noch nie jemanden gekannt, der im Grunde genommen nett war und ohne Freunde gestorben ist, aber ich habe viele Menschen mit Geld gekannt, die ohne Freunde gestorben sind, einschließlich ihrer Familie.“ [7]

Warren erzählt gern eine Geschichte über Tom Murphy, der, wie wir bereits erwähnt haben, CEO von Capital Cities Communications war. Tom baute Capital Cities von einem simplen Fernsehsender zu einem Medienimperium aus, das schließlich die viel größere American Broadcasting Company schluckte und dann mit der noch größeren Gesellschaft Disney fusionierte. Warren berichtet, dass er in all den Jahren, in denen er mit Tom zusammengearbeitet hat, nicht ein einziges Mal erlebt hat, dass dieser unfreundlich gewesen wäre. Tom war ein konsequenter Advokat der Freundlichkeit. Dies war eines der Geheimnisse seines Erfolgs. Warren nahm sich das zu Herzen und machte Freundlichkeit zu einem seiner Erfolgsgeheimnisse bei der Zusammenarbeit mit anderen.

Nr. 90

„Man sollte sich einen Partner aussuchen, der besser ist als man selbst – und hoffen, dass er es nicht zu schnell merkt!“ [8]

Warren fuhr fort: „Scherz beiseite ... Man will sich mit Menschen umgeben, die die Art von Mensch sind, die man selbst gern sein möchte. Man bewegt sich in diese Richtung und die in dieser Hinsicht mit Abstand wichtigste Person ist der Ehepartner. Ich kann gar nicht genug betonen, wie wichtig das ist ... Heiraten Sie die richtige Person. Das meine ich ernst. Es wird Ihr Leben grundlegend verändern. Es wird aich auf Ihre Bestrebungen und auf alle möglichen Dinge auswirken.“ Nicht allen von uns wird gelingen, die richtige Person zu heiraten. Warrens jedoch hatte Glück. Als er 21 war, heiratete er Susan Thompson, die hübsche 19-jährige Tochter eines örtlichen Universitätsprofessors. Warren musste sich das Auto seiner Tante leihen, um mit Susan in die Flitterwochen zu fahren. Sie fuhren nach Las Vegas und übernachteten im berühmten Flamingo Hotel & Casino. Es wurde damals von einem Freund der Familie aus Omaha namens Jackie Gaughan geführt, der die Kosten des Aufenthalts der Frischvermählten großzügig übernahm. Als Warren sah, wie all die gut gekleideten Menschen ihr Geld verspielten, obwohl sie wussten, dass die Chancen eindeutig gegen sie standen, hatte er einen inspirierenden Moment und sagte zu seiner jungen Braut: „Wir werden reich sein!“ Warren schreibt Susie oft zu, dass sie ihm geholfen hat, aus seiner 1950er-Jahre-Freakigkeit mit Bürstenhaarschnitt herauszuwachsen und zu dem weltgewandten Finanzgenie zu werden, das er heute ist.

Nr. 91

„Wie definiere ich Erfolg … Wenn die Menschen, die dich lieben, die Menschen sind, von denen du willst, dass sie dich lieben, bist du erfolgreich … Du kannst alles Geld der Welt haben, Krankenhäuser und Bibliotheken können nach dir benannt werden, aber wenn sich niemand für dich interessiert, bist du meiner Meinung nach nicht erfolgreich.“ [9]

Warren war mit einer Frau in Omaha befreundet – Bella Eisenberg, einer polnischen Jüdin, die als Teenager die Konzentrationslager der Nazis überlebt hatte. Sie erzählte ihm eines Tages, dass sie nur zögerlich Freundschaften schließt, weil sie sich jedes Mal, wenn sie jemandem begegnet, fragt: „Wenn sie wieder die Juden abholen würden, würde diese Person mich dann verstecken?“

Wenn Warren vor MBA-Studenten spricht, wird er gelegentlich gefragt, wie er Erfolg definiert. Er antwortet oft mit dieser Geschichte über Bella und endet mit den Worten: „Wenn es viele Menschen in Ihrem Leben gibt, die Sie verstecken würden, würde ich sagen, Sie sind erfolgreich.“

Nr. 92

„Die Reichen investieren in Zeit,
die Armen in Geld.“ [10]

Dieses Zitat hat etwas von einem Zen-Koan – etwas Paradoxes – an sich. Aber eigentlich ist es ganz einfach: Die Reichen haben all die materiellen Dinge, die man mit Geld kaufen kann. Was sie nicht haben – und nicht kaufen können –, ist mehr Zeit. Also geben sie Millionen für Privatjets aus, um keine Zeit auf einem öffentlichen Flughafen zu verschwenden. Sie engagieren teure Leibärzte, die sich um sie kümmern, damit sie keine Zeit in Wartezimmern für einen Termin bei ihrem Arzt verschwenden müssen, sowie in der Hoffnung, dass sie eine bessere medizinische Versorgung erhalten und etwas länger leben. Die Armen hingegen versuchen nur, so viel Geld wie möglich anzuhäufen. Sie investieren ihr Geld in Dinge, von denen sie hoffen, dass sie mehr Geld einbringen – damit auch sie reich genug werden können, um neurotisch genug zu sein, ihr Geld in mehr Zeit zu investieren.

Nr. 93

„Bei Salomon Brothers war praktisch jeder mit seiner Bezahlung unzufrieden. Und sie bekamen enorm hohe Gehälter. Sie waren schwer enttäuscht, denn wenn sie erfuhren, dass ein Kollege mehr verdiente, waren sie außer sich." [11]

Salomon Brothers war einst eine der großen Investmentbanken der Wall Street. 1987 kauften Warren und Charlie Wandel-Vorzugsaktien von Salomon im Wert von 700 Millionen Dollar, die eine jährliche Zinszahlung von sieben Prozent erbrachten. Im Jahr 1991 manipulierte einer der Anleihehändler von Salomon, der noch mehr Geld verdienen wollte als die Millionen, die er bereits erhielt, das System zu seinen Gunsten, brach das Gesetz und wurde erwischt. Dadurch wurde Salomon fast zu Fall gebracht. Warren und Charlie übernahmen die Leitung des Unternehmens. Warren wurde sogar Chairman von Salomon. Was unsere beiden Helden vorfanden, war eine Kultur des dysfunktionalen Neids. Jeder wusste, was die Person neben ihm bekam, und wenn es mehr war, trieb es sie in den Wahnsinn. Das ging sogar so weit, dass sie unnötige Handelsrisiken eingingen und sogar gegen das Gesetz verstießen. Warren und Charlie sind der Meinung, dass Neid die dümmste der sieben Todsünden ist. Neid führt nämlich dazu, dass man sich schlecht fühlt, während die anderen sechs – Hochmut, Habgier, Zorn, Trägheit, Völlerei und Wollust – das Potenzial haben, einem ein Lächeln ins Gesicht zu zaubern.

Nr. 94

„Ich habe festgestellt, dass der wirkliche Vorteil von geerbtem Reichtum darin besteht, dass man damit viel effektiver hassen kann. Wenn man ein gewaltiges Vermögen geerbt hat und wütend auf seinen Bruder oder auf einen Cousin ist, kann man Anwälte engagieren und sie aufs Korn nehmen, während der Rest von uns sie bei Thanksgiving einfach links liegen lässt.“ [12]

Das Problem ist, dass Menschen, die ihren Reichtum geerbt haben, nicht Jahr für Jahr mühsam arbeiten mussten, um ihn zu erlangen. Diejenigen, die durch harte Arbeit reich geworden sind, sind viel seltener bereit, die hohen Gerichtskosten für die Beilegung von Streitigkeiten zwischen Familienmitgliedern in Kauf zu nehmen. Ein Grund dafür, dass Menschen mit geerbtem Reichtum so prozessfreudig sind, ist, dass der geerbte Reichtum ihnen oft das Selbstwertgefühl nimmt, das man durch ehrliche Arbeit erwirbt. Und so suchen sie immer nach Möglichkeiten, sich durch irgendeinen imaginären Kampf zu rehabilitieren, den ihre Anwälte gegen Honorar gern übernehmen. Außerdem haben Menschen mit viel geerbtem Reichtum in der Regel kein Problem damit, Geld zum Fenster hinauszuwerfen. Schließlich war es zunächst kostenloses Geld. Im Gegensatz dazu wissen Menschen, die aus eigener Kraft reich geworden sind, dass sie mit ihrem Geld weitaus bessere Dinge tun können, zum Beispiel es anlegen, damit sie noch reicher werden können.

Nr. 95

„Die zwei Dinge, die man nicht kaufen kann, sind Zeit und Liebe … Und ich hatte sehr, sehr, sehr viel Glück im Leben, dass ich meine Zeit in einem extremen Maße selbst bestimmen konnte. Charlie hat das auch immer zu schätzen gewusst. Deshalb wollten wir unbedingt Geld haben, damit wir in unserem Leben tun konnten, was uns verdammt noch mal gefiel.“ [13]

Charlie Munger hat es so formuliert: „Wie Warren spürte ich das große Verlangen, reich zu werden, nicht weil ich Ferraris wollte – ich wollte Unabhängigkeit. Ich wollte sie unbedingt. Ich fand es würdelos, Rechnungen an andere Leute schicken zu müssen. Ich weiß nicht, woher ich diese Vorstellung hatte, aber ich hatte sie. Ich wollte reich werden, damit ich unabhängig sein konnte, wie Lord John Maynard Keynes.“

Lord John Maynard Keynes war ein sehr einflussreicher britischer Aristokrat, Philosoph, Wirtschaftswissenschaftler und erfolgreicher Investor, der von 1883 bis 1946 lebte. Er gilt weithin als einer der wichtigsten Wirtschaftswissenschaftler des 20. Jahrhunderts und die „keynesianische Wirtschaftslehre“ prägt die Weltwirtschaftspolitik bis heute. Sein 1936 veröffentlichtes Buch „Allgemeine Theorie der Beschäftigung, des Zinses und des Geldes“ hatte großen Einfluss auf Warren und Charlie.

Nr. 96

„Schreibe deinen eigenen Nachruf und versuche dann herauszufinden, wie du ihm gerecht werden kannst.“ [14]

Warren meint das wirklich ernst. Es ist eine intellektuelle Übung, die einen dazu bringen soll, seine Vorstellungskraft zu nutzen, um sich selbst Lebensziele zu setzen, auf die man hinarbeiten kann. Jede Reise beginnt mit einem ausgemalten Ziel. Wenn Sie sich nicht vorstellen können, dass etwas passiert, dann wird es wahrscheinlich auch nie passieren. Wenn Sie es sich aber vorstellen können und bereit sind, hart dafür zu arbeiten, können alle möglichen magischen Dinge geschehen. Selbst ein unbeholfener Teenager, der Zeitungen austrägt, kann zum sechstreichsten Menschen der Welt werden.

Kapitel 17

Warren Buffett
über Dinge, die zu vermeiden sind, und potenzielle Gefahren, die vor uns liegen könnten

Nr. 97

„Spekulation ist dann am gefährlichsten, wenn sie am einfachsten aussieht.“ [1]

1969 erkannte Warren, dass der Aktienmarkt völlig realitätsfremd geworden war und Unternehmen mit irrsinnig hohen Preisen bewertete. Alle verdienten enorm leichtes Geld – man kaufte einfach Aktien eines Unternehmens und sah zu, wie die Investition zulegte.

Anstatt seine Anlagephilosophie zu ändern, unterbewertete Unternehmen zu kaufen, verkaufte Warren alles, schloss seine Investmentgesellschaft und legte den Großteil seines Geldes in Barmitteln an. Wie bereits erwähnt, investierte sein Freund Charlie Munger, der ebenfalls eine Investmentgesellschaft betrieb, weiter und genoss den schwindelerregenden Anstieg. Dann kam der Börsencrash 1973/1974 und Munger verlor die Hälfte der Gelder seiner Anleger. Warren, der sich mehrere Jahre lang geduldig aus dem Markt herausgehalten hatte, fand sich 1973 mit einem Haufen Bargeld und Aktien wieder, die plötzlich zu lächerlich niedrigen Preisen verkauft wurden. Er sagte: „Ich fühlte mich wie ein sexhungriger Mann, der plötzlich inmitten eines Harems aufgewacht ist.“

Nr. 98

„Das Streben nach Rendite ist sehr dumm, aber es ist sehr menschlich.“ [2]

Hier spricht Warren von Anleiherenditen. Für riskantere Anleihen wird eine höhere Rendite gezahlt, um die höhere Wahrscheinlichkeit eines Zahlungsausfalls der Anleihen zu kompensieren. Wenn Anleihen ausfallen, bekommt man sein Geld nicht zurück! Wenn die Käufer von Anleihen nach immer höheren Renditen streben, gehen sie ein immer höheres Ausfallrisiko ein. Die sichersten fünfjährigen Anleihen, die man kaufen kann, sind US-Staatsanleihen. Angenommen, Schatzanleihen werfen fünf Prozent ab, man möchte aber einen höheren Zinssatz, und fünfjährige Junkbonds werfen zehn Prozent ab. Bei einer Anleihe im Wert von 100.000 Dollar werfen die fünfjährigen Staatsanleihen also 5.000 Dollar pro Jahr ab und man ist zu 100 Prozent sicher, dass man sein Geld zurückbekommt, wenn man sie einlöst. Die Ramschanleihen bringen 10.000 Dollar pro Jahr, aber die Wahrscheinlichkeit, dass man bei der Einlösung 100 Prozent seines Geldes zurückbekommt, beträgt nur 60 Prozent. Man kann Junkbonds kaufen und so eine höhere Rendite erzielen, aber man geht damit ein viel höheres Ausfallrisiko ein, was bedeutet, dass man seine gesamte Investition von 100.000 Dollar verlieren kann. Warren ist nicht der Meinung, dass die zusätzliche Rendite einer Ramschanleihe das zusätzliche Risiko des Verlusts der gesamten Investition wert ist. Oder wie er zu sagen pflegt: „Die erste Regel beim Investieren lautet: Verliere kein Geld. Und die zweite Regel beim Investieren lautet, dass man die erste Regel nicht vergessen darf.“

Nr. 99

„Bei den Angehörigen der Finanzpriesterschaft besteht der starke Drang, die Dinge zu lehren, die sie wissen – und die Sie nicht wissen –, die sie mühsam erlernt haben und die vielleicht ein ordentliches Maß an Mathematik erfordern. Und das hat aber wirklich nichts mit Anlageerfolg zu tun.“ [3]

Das Volumen des US-amerikanischen Optionsmarkts beträgt rund 10,2 Milliarden Kontrakte pro Jahr. Man schätzt, dass 80 bis 90 Prozent aller Optionskontrakte wertlos verfallen. Dennoch wird eine enorme Menge an akademischer Energie darauf verwendet, mathematische Modelle zu entwickeln und zu versuchen, diese Quoten zu verbessern. Die längsten Optionskontrakte, die es gibt, heißen LEAPS. Sie laufen drei Jahre nach ihrer Ausstellung aus. Optionen sind nichts für Warren, denn es gibt keine zehnjährigen Optionsverträge, die er kaufen oder verkaufen könnte und die ihm die Kontrolle über 400 Millionen Coca-Cola-Aktien oder 907 Millionen Apple-Aktien verschaffen würden. Es gibt auch keine kosteneffiziente Möglichkeit für einen einzelnen Anleger, für zehn Jahre eine Position in Apple-Aktien einzunehmen, indem er Optionen einsetzt, um auch nur 1.000 Aktien zu kontrollieren. Aber es gibt Hunderte von mathematischen Formeln, mit denen ein Anleger versuchen kann, die Chancen zu steigern, dass seine Optionskontrakte nicht wertlos verfallen.

Nr. 100

„Wir glauben nicht, dass die Wahrscheinlichkeit, dass Derivate in einem bestimmten Jahr ein finanzielles Trauma auslösen oder verschlimmern, zwangsläufig sehr hoch ist. Aber wir glauben, dass diese Gefahr besteht … Ich kenne die Geschäftsleitungen einiger Unternehmen, die in großem Umfang mit Derivaten handeln, und sie sind sich nicht im Klaren darüber, was vor sich geht.“ [4]

Es gibt vier Hauptarten von Derivatekontrakten: Optionen, Warentermingeschäfte (Futures), Zinstermingeschäfte (Zins-Futures) und Swaps. Nach Schätzungen der Bank für Internationalen Zahlungsausgleich beläuft sich der Nennwert des weltweiten Derivatemarkts auf 632 Billionen Dollar. Das ist etwa sechsmal so groß wie die Weltwirtschaft mit etwa 105 Billionen Dollar. Und wie hoch ist das Derivaterisiko der US-Banken? Der Gesamtnennwert der von US-Banken gehaltenen Derivatekontrakte belief sich im Jahr 2023 auf 221,9 Billionen Dollar – größer als die Marktkapitalisierung des gesamten weltweiten Aktienmarkts von 109 Billionen Dollar und größer als der Gesamtwert des weltweiten Anleihemarkts von 133 Billionen Dollar. Und wenn Sie eine Bank sind, kommt jetzt der beste Teil: Der weltweite Derivatemarkt mit einem Volumen von 632 Billionen Dollar kann unglaublich komplex sein und ist in einigen Teilen der Welt nicht gut reguliert, was bedeutet, dass die Händler der Bank oft das Sagen haben. Allein in den USA erzielten die Geschäftsbanken im Jahr 2022 Handelseinnahmen in Höhe von 42 Milliarden Dollar, ein Großteil davon aus dem Derivatehandel. Weil Derivatekontrakte so komplex sind, ist Warren der Meinung, dass nur sehr wenige Menschen in der Regierung, in der Wissenschaft oder in den Banken selbst alle potenziellen Gefahren, die sie darstellen, richtig einschätzen. Dies hat Warren dazu veranlasst, komplexe Derivatekontrakte als potenzielle „finanzielle Massenvernichtungswaffen“ zu bezeichnen.

Nr. 101

„Die Welt wirft jeden Tag eine Münze, ob die Menschen, die den Planeten, wie wir ihn kennen, buchstäblich zerstören können, dies auch tun werden.“ [5]

Hier spricht Warren über die Gefahr der nuklearen Zerstörung des Planeten. Wegen des Selbsterhaltungstriebs und der Drohung der gegenseitigen Zerstörung hält er die Wahrscheinlichkeit, dass dies geschieht, für gering. Es besteht jedoch immer noch eine – wenn auch geringe – Chance, dass etwas schiefgeht und jemand – eine Nation – eine Atomwaffe gegen eine andere Nation einsetzt. Oder dass eine terroristische Zelle in den Besitz einer Atombombe gelangt und sie einsetzt. Außerdem passieren wider Erwarten auch Unfälle. Und je mehr Länder auf der Welt über Atomwaffen verfügen, desto größer ist die Wahrscheinlichkeit, dass eine eingesetzt wird. Die Frage ist nicht, ob es passieren kann, sondern wie oft die Münze geworfen werden muss, bevor es passiert. Und das sollte uns alle zu Tode erschrecken.

Kapitel 18

Warren Buffett über Investitionen in Technologieunternehmen

Nr. 102

„Wir versuchen bei Berkshire nicht, die wenigen Gewinner aus einem Meer von Unternehmen herauszufiltern, die sich noch nicht bewährt haben. Dazu sind wir nicht klug genug und das wissen wir auch.“ [1]

Erinnern Sie sich an die Internetblase in den späten 1990er-Jahren? Als das Internet die Welt eroberte? Als jedes beliebige Internet-Unternehmen der letzte Schrei war? Nun, Warren besaß keine einzige dieser Internet-Aktien. Auf die Frage, warum nicht, erzählte er eine Geschichte über die Anfänge der Automobilindustrie – dass es in den ersten 20 Jahren der Autoindustrie über 1.900 verschiedene amerikanische Autohersteller gab, heute aber nur noch drei. Dann fuhr er fort, dass er einfach nicht klug genug sei, unter all den Tausenden von neuen Internet-Unternehmen die Gewinner von den Verlierern zu unterscheiden. 18 Jahre später sah er sich die Gewinner an und wählte einen aus – Apple – und Anfang 2024 hatte er einen Gewinn von etwa 145,8 Milliarden Dollar mit seiner Apple-Investition erzielt. Gute Dinge kommen wirklich zu denen, die warten können.

Nr. 103

„Apple ist ein besseres Geschäft als alle unsere anderen Unternehmen … Die Menschen bezahlen 1.000 Dollar für ein Apple-iPhone und 35.000 Dollar für einen Zweitwagen – und wenn sie auf eines von beiden verzichten müssten, wäre es der Zweitwagen.“ [2]

Warren betrachtet Apple als ein globales Unternehmen mit einer Vielzahl von Produkten, das in den Köpfen der Verbraucher verankert ist. Die wirtschaftlichen Aspekte des Apple-Geschäfts trugen zu Warrens Begeisterung für das Unternehmen bei.

Von 2012 bis 2016 stieg der Gewinn von Apple von 1,59 Dollar pro Aktie auf 2,08 Dollar pro Aktie, was einer durchschnittlichen jährlichen Wachstumsrate von etwa fünf Prozent entspricht. Bei einem Gewinn pro Aktie von 2,08 Dollar und einem Durchschnittspreis von 34 Dollar pro Aktie könnte Warren argumentieren, dass er sich eine „Apple-Aktienanleihe“ gekauft hat, die eine anfängliche Rendite von 6,1 Prozent (2,08 Dollar : 34 Dollar = 6,1 Prozent) erwirtschaftete und mit einer jährlichen Wachstumsrate von fünf Prozent wachsen würde. Außerdem verfügte Apple über einen Netto-Cash-Bestand von 143 Milliarden Dollar und kaufte aggressiv eigene Aktien zurück. Der enorme Barmittelbestand verriet Warren, dass das Unternehmen sehr erfolgreich war, über genügend Geld für die Entwicklung neuer Produkte verfügte und keine Fremdfinanzierung benötigte. Die Aktienrückkäufe verrieten ihm, dass Apple den Anteil von Berkshire am Unternehmen Jahr für Jahr erhöhen würde, ohne dass Warren einen weiteren Cent ausgeben müsste. Für Warren war Apple zu einem Aktienkurs von 34 Dollar oder dem 16-Fachen des Gewinns pro Aktie ein guter Kauf und er erwarb 907 Millionen Apple-Aktien, die er 2024 zu verkaufen begann, als er sie für überbewertet hielt.

Nr. 104

„Bei Google habe ich die falsche Entscheidung getroffen. Es war nicht so, dass das, was die machten, ein Geheimnis für mich war. Das Mysterium war, wie viel Konkurrenz es geben würde und wie effektiv sie sein würden, und ob es ein Spiel sein würde, bei dem vier oder fünf Unternehmen gegeneinander antreten würden, ohne so viel Geld zu verdienen, wie sie es könnten, wenn ein Unternehmen dominieren würde.“ [3]

Warren kannte Google bereits, bevor es an die Börse ging. GEICO gab eine beträchtliche Menge Geld aus, um seine Website in der Google-Suchmaschine günstig zu platzieren. Auch besuchten die Gründer von Google – Larry Page und Sergey Brin – Warren in Omaha, um mit ihm über den Börsengang ihres Unternehmens zu sprechen. Der Grund, warum Warren nicht in ihr Unternehmen investierte, war, dass er nicht sicher war, wie die Konkurrenz in Zukunft aussehen würde. Erinnern Sie sich daran, dass es einst mehrere Internet-Suchmaschinen gab, die um die Gunst der Verbraucher buhlten. AltaVista, Yahoo, MSN und Google konkurrierten zu dieser Zeit miteinander. Warren wusste nicht, wer das Rennen machen würde, und er hatte nicht das Gefühl, den Gewinner ermitteln zu können. Also beschloss er, nicht zu investieren.

Am Ende machte Google das Rennen und hat heute einen Marktanteil von 92 Prozent bei der Desktop-Suche sowie 83 Prozent bei der mobilen Suche. Es ist der unangefochtene Marktführer auf dem weltweiten Markt für die Suche im Internet. Die Muttergesellschaft Alphabet Inc. ist Eigentümerin von YouTube und 62 Prozent der Internetnutzer in den USA greifen täglich auf YouTube zu. Alphabet weist eine

Eigenkapitalrendite von 25 Prozent auf und kauft Aktien zurück; beides würde Warren gefallen. Das Unternehmen verfügt über 155 Milliarden Dollar an Barmitteln und kurzfristigen Anlagen – die Verschuldung beträgt 17 Prozent der Barmittel –, was Warren ebenfalls lächeln lassen würde. Und – was besonders wichtig ist – es ist einer der stärksten und aggressivsten Entwickler der Welt von computergenerierter künstlicher Intelligenz. Wenn KI die nächste große Cashcow ist, wird Alphabet ein führender Akteur in diesem Spiel sein. Man kann gut argumentieren, dass Alphabet auf mehreren Märkten einen dauerhaften Wettbewerbsvorteil hat. Das einzige Problem für Warren ist unserer Meinung nach der Preis der Aktie. Alphabet wird mit einem Kurs-Gewinn-Verhältnis (KGV) von 26 gehandelt, aber wenn die Aktie jemals auf ein KGV von etwa 16 fallen würde, könnten wir es durchaus erleben, dass Alphabet in Berkshires Aktienportfolio auftaucht. Bei Warren ist das immer ein zweistufiger Prozess:

1) Das richtige Unternehmen
2) zum richtigen Preis. Alphabet ist wohl das richtige Unternehmen, jetzt ist es nur noch eine Frage des Preises.

Nr. 105

„Wir haben großen Appetit auf Wind- und Solarenergie … Wenn morgen jemand mit einem Solarprojekt kommt und eine Milliarde Dollar oder drei Milliarden Dollar braucht, sind wir bereit, es zu machen … Je mehr es davon gibt, desto besser … Wir machen Iowa zur Windkraft-Hauptstadt der Welt, zum Saudi-Arabien der Windenergie." [4]

Berkshire Hathaway Energy (BHE) verfügt über 3.400 Windturbinen in Iowa, die 2,3 Millionen Haushalte mit sauberer erneuerbarer Energie versorgen, und produziert in Nevada genug Solarenergie, um mehr als eine Million Haushalte mit Strom zu versorgen. Die durchschnittliche monatliche Stromrechnung für Privathaushalte beträgt 133,21 Dollar, während die durchschnittliche Rechnung von BHE mit 110,52 Dollar pro Monat 17,04 Prozent niedriger ist. BHE erwirtschaftet jährlich durchschnittliche Betriebseinnahmen in Höhe von 26 Milliarden Dollar und 3,1 Milliarden Dollar Gewinn vor Steuern. Diese Investitionen in erneuerbare Energien sind für BHE vor allem dank staatlicher Steuergutschriften möglich. Allein in den letzten drei Jahren hat BHE auf Nettobasis fast sechs Milliarden Dollar an Einkommensteuervergünstigungen erhalten, wodurch sich die Steuerbelastung des Unternehmens in den letzten drei Jahren auf null reduziert hat. Für Warren gibt es kein besseres Geschäft als das mit erneuerbaren Energien!

Nr. 106

„Es wird in der KI nichts geben, was das Gen ersetzen kann … KI kann alles in der Welt verändern, nur nicht das Denken und das Verhalten der Menschen … Ich halte sie für außergewöhnlich – aber ich weiß nicht, ob sie von positivem Nutzen sein wird.“ [5]

Das letzte Mal, dass die Wissenschaft im großen Stil den Geist aus der Flasche befreit hat, war bei der Kernenergie. Und unsere große Errungenschaft dabei war, dass wir genug Atombomben gebaut haben, um die Welt hundertmal zu zerstören. Der Mensch und seine genialen Erfindungen. Wird es bei der künstlichen Intelligenz anders sein? Elon Musk, einer der Gründer von OpenAI, ist angesichts der düsteren Aussichten der künstlichen Intelligenz äußerst besorgt und setzt sich für eine staatliche Regulierung ein. Das hat bei der Atomenergie gut funktioniert – daher die vielen Bomben. Höchstwahrscheinlich wird die KI militarisiert werden und es wird sich eine Art KI-Wettrüsten entwickeln. KI ist die Zukunft des Krieges. Albert Einstein sagte einmal: „Solange es souveräne Nationen gibt, die über große Macht verfügen, ist Krieg unvermeidlich.“ Das ist die Natur des Menschen, die auch KI nicht verändern kann.

Das Seltsame an der Entwicklung der KI ist, dass sie – anders als die Kernenergie – nicht von staatlich finanzierten Wissenschaftlern, sondern von der Privatwirtschaft entwickelt wird. Die größten Akteure sind dabei Alphabet (Google) und Microsoft (das mit OpenAI verbunden ist). Das bedeutet, dass diese beiden Unternehmen wahrscheinlich die beiden größten wirtschaftlichen Gewinner der KI-Revolution sein werden, die unmittelbar vor uns liegt.

Kapitel 19

Warren Buffett über Berkshire Hathaways Geschäftsdynamik und Zukunft

Nr. 107

„Letztendlich sollte sich Berkshire im Laufe der Zeit bewähren … und es verdient es, in seiner jetzigen Form weitergeführt zu werden. Es verfügt über viele Eigenschaften, die durch die Zusammenfassung zu einer Einheit maximal zur Entfaltung kommen, was die Menschen nicht so ganz verstehen.“ [1]

Berkshire Hathaway ist technisch gesehen ein Konglomerat in Form einer Holding-Gesellschaft. Was Warren aber wirklich geschaffen hat, ist eine riesige, gut kapitalisierte Versicherungsgesellschaft mit 70 verschiedenen in- und ausländischen Versicherungstöchtern. Ihre Aktiva betragen etwas mehr als 250 Milliarden Dollar in Bargeld und kurzfristigen Staatsanleihen, 353 Milliarden Dollar in Aktien und 65 hundertprozentige versicherungsfremde Unternehmen, die jedes Jahr Einnahmen in Milliardenhöhe erzielen. Die Versicherungsunternehmen von Berkshire können in jedem beliebigen Jahr einen katastrophalen Schaden erleiden, zum Beispiel einen Hurrikan der Kategorie 5 in Florida – Berkshire wird aufgrund der Milliardeneinnahmen, die seine hundertprozentigen Töchter erwirtschaften, immer noch rentabel sein. Berkshire versichert auch andere Versicherungsgesellschaften in der ganzen Welt durch sein Rückversicherungsgeschäft. Im Jahr 2007 stellte Berkshire Hathaways National Indemnity Company Lloyd's of London eine Rückversicherungspolice in Höhe von 7,2 Milliarden Dollar zur Verfügung und 2017 versicherte Berkshire über National Indemnity 20 Milliarden Dollar der langfristigen Verbindlichkeiten von AIG.

Im Gegensatz dazu sind die meisten anderen Versicherungsunternehmen stark in festverzinsliche Anleihen und Vorzugsaktien investiert, die durch die Inflation an realem Wert verlieren. Da Berkshire jedoch ein Portfolio außergewöhnlicher Unternehmen besitzt, die über einen dauerhaften Wettbewerbsvorteil, Preissetzungsmacht und einen geringen Kapitalbedarf verfügen, steigt der reale Wert seiner Unternehmen mit der Inflation. Dieses Niveau der Kapitalisierung und der Anzahl der versicherungsfremden Geschäftsbeteiligungen ist in der Welt der Versicherungsunternehmen einzigartig. Und es verschafft Berkshire einen langfristigen Wettbewerbsvorteil, den keine andere Versicherungsgesellschaft der Welt genießt. Um es noch deutlicher zu sagen: Warren hat Berkshire in eine Festung des Kapitals verwandelt, die über die finanziellen Mittel verfügt, um dem Zorn der Götter zu trotzen und danach trotzdem wie eine Rose zu duften.

Nr. 108

„Berkshire kauft Unternehmen mit hervorragenden Managern am Ruder. Wir haben gesehen, dass diese Leute in vielen Fällen seit Jahrzehnten erfolgreich sind. Wir haben ihre Erfolgsbilanz gesehen und sie sind ein Teil der jeweiligen Unternehmen. Unsere Aufgabe besteht also nicht so sehr darin, großartige Manager auszuwählen, denn wir wissen um die Erfolgsbilanz, die sie vorzuweisen haben. Unsere Aufgabe ist es, sie zu halten." [2]

Warren sagt immer, dass er ein Unternehmen nicht will, wenn es nicht über ein hervorragendes Management verfügt. Er kann nämlich nicht einfach großartige Manager einstellen, da sie einfach zu schwer zu finden sind. Warren stellt einem Geschäftsinhaber/Manager oft einen Scheck über Hunderte von Millionen Dollar für sein gesamtes Unternehmen aus. Warum um alles in der Welt sollten diese frischgebackenen Multimillionäre also weiterarbeiten wollen? Weil ihr ganzes Selbstwertgefühl und Glück darin besteht, „ihr" Unternehmen zu führen. Das ist einer der Gründe, warum sie ihr Unternehmen an Warren verkaufen und nicht an eine Private-Equity-Firma oder an einen Konkurrenten. Sie verkaufen an Warren, erhalten einen fetten Scheck in Millionenhöhe und dann lässt er sie „ihr" Unternehmen weiterführen, als hätte sich nichts geändert. Eine seiner Eigentümerinnen, die nach dem Verkauf ihres Unternehmens an Berkshire weiterarbeitete, war Mrs. B. vom Nebraska Furniture Mart, die blieb, bis sie 103 war. Warren lässt sich alle zwei Jahre von den Unternehmensmanagern einen Brief schicken, in dem sie ihm mitteilen, wen er mit der Leitung des Unternehmens betrauen sollte, wenn sie morgen an der Kasse tot umfallen würden. Ansonsten ist es ihr Baby, bis die Welt untergeht oder bis sie sterben.

Nr. 109

„Am besten sollte man Aktien nur dann zurückkaufen, wenn man glaubt, dies zu einem Preis zu tun, bei dem die verbleibenden Aktionäre in dem Moment nach dem Rückkauf mehr haben als in dem Moment davor.“ [3]

Warren wird die Aktien von Berkshire zurückkaufen, wenn er der Meinung ist, dass dies für die verbleibenden Aktionäre einen größeren Wert darstellt als der Wert (in bar), der ihnen durch den Rückkauf der Aktien entgeht. Stellen Sie sich vor, Sie haben vier Aktionäre, und das Unternehmen, das sie besitzen, hat einen Buchwert von vier Millionen Dollar. Man kann also sagen, dass jeder Aktionär eine Million Dollar hat. Wenn das Unternehmen nun einen Anteilseigner für eine Million Dollar freikauft, hat das Unternehmen noch drei Anteilseigner und einen Buchwert von drei Millionen Dollar und die verbleibenden Anteilseigner hätten immer noch jeweils eine Million Dollar. Die Ausbezahlung des einen Anteilseigners brachte den anderen drei Anteilseignern keinen zusätzlichen Wert.

Wenn das Unternehmen jedoch einen Anteilseigner für 1,3 Millionen Dollar freikauft, hat das Unternehmen drei Anteilseigner und einen verbleibenden Buchwert von 2,7 Millionen Dollar und die verbleibenden Anteilseigner besitzen jeweils 100.000 Dollar weniger. In diesem Fall würde die Zahlung von 300.000 Dollar über dem Buchwert des Anteilseigners von einer Million Dollar den Shareholder Value für die verbleibenden Anteilseigner vernichten.

Wenn das Unternehmen jedoch einen Anteilseigner für 700.000 freikauft, bleiben dem Unternehmen drei Anteilseigner und ein Buchwert von 3,3 Millionen Dollar und die verbleibenden Anteilseigner besitzen jeweils 100.000 Dollar mehr. In diesem Fall hat die Zahlung von 300.000 Dollar unter dem Buchwert des Anteilseigners von einer Million Dollar den Wert für die verbleibenden Anteilseigner erhöht.

Als Warrens Investmentgesellschaft 1965 erstmals eine Mehrheitsbeteiligung an Berkshire erwarb, hatte Berkshire 1.137.778 Aktien im Umlauf und Warrens Gesellschaft kontrollierte 54 Prozent des Unternehmens. Warren nutzte dann in den nächsten drei Jahren Berkshire-Aktienrückkäufe und Käufe auf dem freien Markt, um seiner Gesellschaft eine noch größere Beteiligung an Berkshire zu verschaffen. Ende 1967 hatte Berkshire die Zahl der umlaufenden Aktien auf 985.482 reduziert und die Kontrolle von Warrens Partnerschaft auf 69 Prozent des Unternehmens erhöht.

Was die jüngsten Aktienrückkäufe von Berkshire betrifft, so ist Warren der Ansicht, dass der innere Wert von Berkshire deutlich höher ist als der Buchwert, sodass er bereit ist, mehr als den Buchwert pro Aktie zu zahlen, solange er sie unter dem inneren Wert pro Aktie kaufen kann. Im Jahr 2018 kaufte Warren Berkshire-Aktien zu 146 Prozent des Buchwerts pro Aktie zurück und zahlte einen Preis von 310.000 US-Dollar pro A-Aktie. Im Jahr 2019 kaufte er Berkshire-Aktien zu 127 Prozent des Buchwerts pro Aktie zurück und zahlte einen Preis von 333.000 Dollar pro A-Aktie. Im Jahr 2020 kaufte er Berkshire-Aktien zu 119 Prozent des Buchwerts pro Aktie zurück und zahlte einen Preis von 468.000 Dollar pro A-Aktie. Im Jahr 2021 kaufte Warren Berkshire-Aktien zu 128 Prozent des Buchwerts pro Aktie zurück und zahlte einen Preis von 439.000 Dollar pro A-Aktie. Im Jahr 2022 kaufte er Berkshire-Aktien zu 144 Prozent des Buchwerts pro Aktie zurück und zahlte einen Preis von 468.000 Dollar pro A-Aktie. (Um den Buchwert pro Aktie zu ermitteln, nimmt man den in der Bilanz ausgewiesenen Wert des Eigenkapitals und dividiert ihn durch die Anzahl der umlaufenden Aktien). In allen Fällen hat er den Wert des Eigenkapitals erhöht.

Nr. 110

„Berkshire hat einen enormen Vorteil ... und zwar, dass wir ein System haben, mit dem wir Kapital ohne steuerliche Konsequenzen zuweisen können." [4]

Da See's Candies mehr verdient, als es für seinen Betrieb ausgeben kann, hat Warren die überschüssigen Barmittel von See's verwendet, um Berkshire beim Kauf der Eisenbahngesellschaft BNSF zu helfen. Er verwendete auch einen Teil der überschüssigen Barmittel von See's, um Berkshire beim Kauf von Apple-Aktien zu unterstützen. Als Berkshire das Geld aus See's abzog, um es anderweitig zu verwenden, geschah dies, ohne dass irgendeine Art von Kapitalverkehrsteuer anfiel. Berkshire kann dies mit allen seinen hundertprozentigen Tochtergesellschaften tun. Es ist in der Lage, Kapital steuerfrei auf seine verschiedenen Unternehmen zu verteilen. Es kann seine Barmittel sogar steuerfrei für den Kauf anderer Unternehmen verwenden. Dieser Steuervorteil wird noch dadurch verstärkt, dass Berkshire Dutzende von Nischenunternehmen besitzt, die eigentlich keine Wachstumsmöglichkeiten haben, sodass Warren seine überschüssigen Barmittel zum Kauf anderer Unternehmen verwenden kann. Die meisten Unternehmen geben ihr überschüssiges Geld aus, um ihre bestehenden Geschäfte zu erweitern oder einen Konkurrenten zu kaufen. Es kommt ihnen nie in den Sinn, das überschüssige Geld für den Kauf eines völlig anderen, aber besseren Unternehmens zu verwenden.

Warren tat dies zuerst mit Berkshire Hathaway selbst. Im Jahr 1967 war Berkshire ein Unternehmen, das in der langsam sterbenden Textilindustrie zu kämpfen hatte. Anstatt die überschüssigen Barmittel von Berkshire wieder in das Textilgeschäft zu investieren, nutzte Warren sie, um die National Indemnity Company zu kaufen. Später zog Warren Bargeld aus National Indemnity ab, um den Nebraska Furniture Mart zu kaufen, aus dem er Bargeld abzog, um Borsheims zu kaufen, aus dem er Bargeld abzog, um Dairy Queen zu kaufen, aus dem er Bargeld abzog, um die Acme Brick Company zu kaufen, aus der er Bargeld abzog, um Shaw Industries (Teppiche) zu kaufen. Dieser Prozess setzte sich immer und immer wieder fort, sodass Berkshire heute 67 verschiedene Unternehmen besitzt, die insgesamt 260 verschiedene Tochtergesellschaften haben.

Was andere CEOs davon abhält, einbehaltene Gewinne in völlig andere Unternehmen zu reinvestieren, ist, dass sie dazu neigen, in der Branche zu bleiben, mit dem sie ihr ganzes Geld verdient haben. Der Vorstandsvorsitzende einer Ölgesellschaft will eine andere Ölgesellschaft kaufen, er will keine Farbenfirma kaufen, wie Warren es tat, als er Benjamin Moore kaufte.

Ein Ziegelhersteller ist ein Ziegelhersteller, ein Kerzenhersteller ist ein Kerzenhersteller, ein Teppichhersteller ist ein Teppichhersteller und ihre Wege werden sich niemals kreuzen, es sei denn, sie werden von Warren gekauft. Und sein Geheimnis ist, dass sie auch nach dem Kauf durch Berkshire getrennte Unternehmen bleiben und dass ihre Manager nicht von einem Unternehmen zum anderen wechseln. In vielerlei Hinsicht ist es so, als hätte Berkshire ihr Unternehmen nie wirklich gekauft, bis Warren auftaucht, um das überschüssige Geld, das sie verdienen, einzusammeln, damit er damit ein anderes Unternehmen kaufen kann und noch ein anderes Unternehmen und noch ein anderes Unternehmen ... Und so hat Warren Berkshire zu dem Giganten gemacht, der es heute ist.

Nr. 111

„Der zukünftige Wohlstand unseres Landes hängt von einem effizienten und gut gewarteten Schienensystem ab. Umgekehrt muss Amerika wachsen und gedeihen, damit es den Eisenbahnen gut geht. Die Investition von Berkshire in Höhe von 34 Milliarden Dollar in BNSF ist eine große Wette auf dieses Unternehmen und die Eisenbahnindustrie. Vor allem aber ist es eine All-in-Wette auf die wirtschaftliche Zukunft der Vereinigten Staaten.“ [5]

Im Jahr 2009 tätigte Warren Berkshire seine bislang größte Akquisition, den Kauf der gesamten BNSF Railway Company für 34 Milliarden Dollar. Doch warum gerade dann? Und warum nicht schon früher? Die Eisenbahnindustrie war seit über hundert Jahren ein hart umkämpftes und kapitalintensives Geschäft, das nicht sehr profitabel war. Keine dieser Eigenschaften gefiel Warren und Charlie.

Im Laufe der Zeit begann sich der Eisenbahnsektor aber zu verändern. Durch den Prozess der Konsolidierung – eine Eisenbahngesellschaft kaufte eine andere auf – gab es 2009 in Amerika fünf große Eisenbahngesellschaften, die 80 Prozent des nationalen Schienengüterverkehrs kontrollierten. Zwar hatte keine Bahngesellschaft ein vollständiges Monopol für das ganze Land, aber es entwickelten sich regionale Nischen mit Quasi-Monopolen. BNSF dominierte den Nordwesten und wurde dabei sehr profitabel.

Die BNSF Railway Company ist die größte Eisenbahngesellschaft in Amerika, gemessen am Umsatz – 23,8 Milliarden Dollar im Jahr 2023 –, und die größte, gemessen an den von ihr kontrollierten Streckenkilometern – gut 52.000. BNSF befördert eine Tonne Güter mit knapp vier Litern Diesel gut 750 Kilometer weit. Ein typischer BNSF-Güterzug ersetzt circa 280 Lastwagen auf der Straße. Außerdem stößt die

Bahn pro transportierter Tonne weit weniger gefährliche Emissionen in die Atmosphäre aus als der Lkw-Verkehr. BNSF ist zwar immer noch kapitalintensiv, aber die Gesellschaft verdient viel Geld und wird das auch noch mindestens die nächsten hundert Jahre lang tun. Und genau das war es, was Warren und Charlie überzeugte, als sie sich für dieses Projekt entschieden.

Nr. 112

„Wir haben See's Candies für 25 Millionen Dollar gekauft und das hat uns über zwei Milliarden Dollar Gewinn vor Steuern eingebracht, die wir für den Kauf anderer Unternehmen verwendet haben. Und wenn wir versucht hätten, alle einbehaltenen Gewinne innerhalb des Süßwarengeschäfts zu verwenden, wären wir wohl auf die Nase gefallen." [6]

Eine der ersten unternehmerischen Lektionen, die Warren und Charlie gelernt haben, ist, dass manche Unternehmen in einer kleinen regionalen Nische gut funktionieren, aber nur wenige oder gar keine Möglichkeiten haben, ihre Aktivitäten über ihre Nische hinaus auszuweiten. See's Candies ist eines dieser Unternehmen. See's ist hauptsächlich an der Westküste tätig, wobei 70 Prozent der Geschäfte in Kalifornien zu finden sind. Obwohl es in einigen Großstädten Geschäfte gibt, ist es dem Unternehmen nie gelungen, seine Geschäftstätigkeit landesweit auszudehnen. Schließlich kam man zu der Erkenntnis, dass es klüger ist, die einbehaltenen Gewinne von See's für den Kauf anderer Unternehmen zu verwenden, anstatt gutes Geld dem schlechten hinterherzuwerfen. Seltsamerweise waren viele der erworbenen Unternehmen ebenfalls Nischengeschäfte, die zwar viel Geld einbrachten, aber wenig Möglichkeiten zur Reinvestition boten. Bei Nischenunternehmen wie Nebraska Furniture Mart und Borsheims handelte es sich ursprünglich um Geschäfte mit nur einer Filiale, die Berkshire viel Geld einbrachten, das an anderer Stelle reinvestiert werden konnte. Interessant an diesen Nischengeschäften ist, dass sie zwar in ihren Heimatstädten oder -staaten einen dauerhaften Wettbewerbsvorteil besaßen. Aufgrund des begrenzten Wachstumspotenzials wollte aber niemand sie haben, sodass sie oft zu Schnäppchenpreisen verkauft wurden – verglichen mit den Geschäften, die Wachstumspotenzial hatten. Wir sollten anmerken, dass Nebraska Furniture Mart schließlich von Omaha aus in mehrere andere Städte expandierte, aber dies geschah erst, als Berkshire begann, große Mengen an überschüssigem Bargeld anzuhäufen, das ein Zuhause brauchte.

Nr. 113

„Berkshire hat 1967 eine Dividende von 0,10 Dollar gezahlt. Das war ein schrecklicher Fehler. Ich ging auf die Toilette und die anderen Direktoren stimmten dafür, während ich weg war.“ [7]

Eines der Werkzeuge des Finanz-Engineerings, das Warren zur Steigerung des Shareholder Value einsetzt, ist die Entscheidung, keine Dividende zu zahlen. Berkshire hat seit 1967 keine Dividende gezahlt. Dividenden entziehen dem Unternehmen Barmittel, was bei einigen Unternehmen in Ordnung sein mag, da sie mehr Geld verdienen, als sie für den Ausbau ihres Geschäfts verwenden können, und sie nicht gut darin sind, andere Verwendungsmöglichkeiten für das Geld der Aktionäre zu finden. Aber das ist bei Warren nicht der Fall. Er hat kein Problem damit, andere Verwendungszwecke für die einbehaltenen Gewinne von Berkshire zu finden, die einen Mehrwert für Berkshire darstellen, sei es der vollständige Kauf anderer Unternehmen, die Investition in börsennotierte Aktien oder die Finanzierung von notleidenden Unternehmen. Dadurch, dass Berkshire nie eine Dividende ausschüttet und 100 Prozent der Gewinne einbehält und reinvestiert, hat das Unternehmen mehr als 500 Milliarden Dollar zum Eigenkapital der Aktionäre beigetragen und einen Kursanstieg der A-Aktie von 20 Dollar im Jahr 1967 auf 632.000 Dollar im Jahr 2024 erlebt.

Nr. 114

„Der Test, ob man Dividenden ausschütten sollte oder nicht, ist, ob man für jeden Dollar, den man einbehält, weiterhin mehr als einen Dollar Börsenwert schaffen kann.“ [8]

Warrens Test für die Dividendenausschüttung ist einfach: Gehen Sie bei den Abschlüssen von Berkshire zu „Consolidated Balance Sheet“, dann zu „Shareholders' Equity“ und darunter zu den „Retained Earnings“. Das ist der Gewinn nach Steuern, den Berkshire seit seiner Gründung im Unternehmen behalten hat. Zu Beginn des Jahres 2024 wies Berkshire einbehaltene Gewinne in Höhe von 607 Milliarden US-Dollar aus.

Der nächste Schritt besteht darin, die Marktkapitalisierung (Mkt Cap) des Unternehmens zu ermitteln. Dazu nimmt man die Anzahl der umlaufenden Aktien und multipliziert sie mit dem aktuellen Marktpreis der Aktie. Im Fall von Berkshire gibt es zwei Aktiengattungen: 567.775 Aktien der Klasse A mit einem Gesamtmarktwert von 358 Milliarden Dollar und 1.310.561.508 Aktien der Klasse B mit einem Gesamtmarktwert von 546 Milliarden Dollar, was Berkshire eine Gesamtmarktkapitalisierung von 904 Milliarden Dollar beschert (358 Milliarden Dollar + 546 Milliarden Dollar = 904 Milliarden Dollar). Die Marktkapitalisierung von Berkshire ändert sich täglich mit der Veränderung des Preises der Aktien der Klasse A und der Klasse B.

Berkshire verfügte über einbehaltene Gewinne in Höhe von insgesamt 607 Milliarden Dollar, die einen Marktwert seiner Aktien von 904 Milliarden Dollar geschaffen haben. Das bedeutet, dass Berkshire für jeden einbehaltenen Dollar einen Marktwert von 1,48 Dollar geschaffen hat. Warren zufolge wäre es nach seinem Dividendenausschüttungstest für Berkshire dann an der Zeit, die Ausschüttung einer Dividende in Erwägung zu ziehen, wenn der Marktwert der Berkshire-

Aktie jemals unter den Gesamtbetrag der einbehaltenen Gewinne sinkt. Warren sagt: „Wenn der Zeitpunkt kommt, an dem wir nicht glauben, dass wir das Geld effektiv nutzen können, um pro einbehaltenem Dollar mehr als einen Dollar Marktwert zu schaffen, dann sollte es ausgeschüttet werden."

Nr. 115

„Ich bestehe darauf, dass man sich fast jeden Tag viel Zeit nimmt, um einfach nur dazusitzen und nachzudenken. Das ist in der amerikanischen Geschäftswelt sehr ungewöhnlich. Ich lese und denke nach. Ich lese noch mehr und denke noch mehr nach und treffe weniger impulsive Entscheidungen als die meisten anderen Geschäftsleute. Ich tue das, weil ich diese Art von Leben mag.“ [9]

Charlie Munger, mehr als 60 Jahre lang Warrens Partner, beschrieb Warrens Leben einmal als ein geradezu mönchisches. Wie bereits erwähnt, lebt Warren seit 65 Jahren in demselben Haus der oberen Mittelklasse. Seit 50 Jahren fährt er jeden Tag knapp drei Kilometer zum selben Büro. Er isst in denselben Restaurants, bestellt das gleiche Essen, Jahr für Jahr. Er besitzt keine Villen oder teure Autos. Als die Kinder klein waren, hatte er ein Strandhaus in Kalifornien, aber er verkaufte es, als sie erwachsen waren. Er hat zwar einen Firmenjet für Geschäftsreisen, aber er fährt selbst zum Flughafen. Wenn man Warren in seinen jungen Jahren in Omaha besuchte, holte er einen meistens selbst vom Flughafen ab. Er macht im Laufe des Tages eigentlich nur zwei Dinge: viel lesen – 500 Seiten pro Tag – und Unternehmen kaufen – viele Unternehmen. Und er hat eine Kriegskasse von über 250 Milliarden Dollar in bar, die er investieren kann, wenn er das richtige Unternehmen findet.

Ach ja, fast hätten wir es vergessen: Warren spielt auch gern Online-Bridge und ist ein großer Fan der Nebraska Cornhuskers, dem Footballteam der University of Nebraska-Lincoln – er verpasst kein einziges Spiel.

Nr. 116

„Berkshire ohne mich ist dasselbe wie mit mir, ich stelle keinen großen Mehrwert dar.“ [10]

Warren unterschätzt in bescheidener Weise seine Wirkung als Führungspersönlichkeit und kohäsiven Einfluss auf die mehr als 70 operativen Unternehmen, die er erworben hat. Andererseits steckt aber auch viel Wahrheit in seiner Aussage. Die Unternehmen, die er in den letzten 59 Jahren für Berkshire gekauft hat, sind allesamt hervorragende Unternehmen, die über einen dauerhaften Wettbewerbsvorteil verfügen, der ihnen weit überdurchschnittliche Betriebsergebnisse beschert. Außerdem hat die dezentralisierte Art und Weise, wie Warren Berkshire führt, 70 sehr unabhängige operative Unternehmen geschaffen, die von 70 sehr kompetenten CEOs geleitet werden, mit denen Warren zum Teil seit Jahren nicht mehr gesprochen hat. Das belegt, wie sehr er ihnen vertraut. Berkshire mag zwar Eigentümer dieser Unternehmen sein, aber kein einziges von ihnen ist von Warren abhängig, wenn es darum geht, den Wirtschaftsmotor mit maximaler Drehzahl laufen zu lassen. Falls Sie also Berkshire-Aktien besitzen, wenn Warren schließlich stirbt – lange nach seinem hundertsten Geburtstag –, dann ist unser Rat an Sie folgender: Lehnen Sie sich einfach zurück und genießen Sie weiterhin die Fahrt!

Nr. 117

„Ich glaube, dass nach meinem Ausscheiden die Verantwortung für die Kapitalallokation bei Berkshire bei Greg (Abel) liegen sollte. Er versteht die Unternehmen sehr gut und wenn man die Unternehmen versteht, versteht man auch die Investition in Stammaktien." [11]

Greg Abel ist Warrens Thronfolger, der von Buffett persönlich ausgewählt wurde, um die Leitung von Berkshire zu übernehmen, wenn Warren das Unternehmen nicht mehr führt. (Wir gehen davon aus, dass er irgendwann die 100-Jahre-Marke erreicht.)

Greg ist ein exzellenter Manager, der seit 2008 CEO der Berkshire-Energiesparte und seit Januar 2018 stellvertretender Vorsitzender von Berkshires Nicht-Versicherungsgeschäft ist. Gregs Managementtalent ist unbestreitbar. Allerdings äußerten die Berkshire-Aktionäre Bedenken darüber, wer nach Warrens Eintritt in den „Ruhestand" die Investitionsentscheidungen treffen wird. Darauf entgegnet Warren, dass Greg die Person ist, die er ausgewählt hat, um diese Investitionsentscheidungen zu treffen. Wenn Greg einfach Warrens Investitionsgrundsätze befolgt – wie wir sie in diesem Buch beschrieben haben –, haben die Aktionäre von Berkshire noch viele großartige Jahre vor sich.

Nr. 118

„Wir haben das Geld, um Berkshire-Aktien im Wert von 100 Milliarden Dollar zu kaufen. Wenn die Berkshire-Aktie im Verhältnis zu ihrem inneren Wert billig wird, zögern wir nicht, 100 Milliarden Dollar dafür auszugeben.“ [12]

Berkshire Hathaway verfügte im dritten Quartal 2024 über etwas mehr als 250 Milliarden Dollar an Barmitteln, Barmitteläquivalenten und kurzfristigen Staatsanleihen. Berkshire meldete im Jahr 2022, dass es keine eigenen Aktien zurückkaufen wird, wenn sein Bargeldpolster unter 30 Milliarden Dollar fällt. Berkshire benötigt diese 30 Milliarden Dollar, um seine zahlreichen Geschäftsbereiche auch in den schlechtesten Zeiten bequem weiterbetreiben zu können. Das bedeutet, dass Berkshire problemlos 100 Milliarden Dollar oder mehr für Aktienrückkäufe ausgeben könnte, wenn seine Aktien unter ihrem inneren Wert verkauft würden. Wir können auf der Grundlage der historischen Aktienrückkäufe von Berkshire argumentieren, dass der innere Wert 20 bis 30 Prozent über dem Höchstwert liegt, den Warren in der Vergangenheit für Berkshire-Aktien gezahlt hat, nämlich 146 Prozent des Buchwerts je Aktie.

Wir behaupten: Einer der Gründe für Berkshires massive Anhäufung von über 250 Milliarden Dollar an Barmitteln ist, dass Warren plant, vom Grab aus seinen letzten großen Schnäppchenkauf zu tätigen. Wenn Warren in die große Börse im Himmel eingeht und die einzige Möglichkeit für uns, mit ihm in Kontakt zu treten, ein Ouija-Brett ist, wird der Aktienkurs von Berkshire wahrscheinlich abstürzen. Und wenn der Aktienkurs von Berkshire unter seinen inneren Wert sinkt, wird der neue CEO von Berkshire – in der Nachfolge von Warren – die Mutter aller Aktienrückkäufe starten und möglicherweise 30 Prozent oder mehr der Berkshire-Aktien zurückkaufen. Das wird die verbleibenden Berkshire-Aktionäre – die, die dem Unternehmen die Treue gehalten haben – noch reicher machen.

Kapitel 20

Warren Buffett über erfolgreiche geschäftliche Zusammenarbeit mit anderen Menschen

Nr. 119

„Ich mag es, wenn Menschen mir vertrauen, und ich tue das, was ich tue, lieber mit Partnern, als es allein in einem Raum zu tun, auch wenn ich so vielleicht mehr Geld verdienen könnte.“ [1]

Warren Buffetts Karriere begann damit, dass er das Geld anderer Leute investierte und eine Beteiligung an den Gewinnen einstrich. In den Anfängen der Buffett Partnership tat er etwas Unerhörtes – er kassierte nur dann eine Gebühr, wenn die Gesellschaft das übertraf, was die Anleger mit der Anlage ihres Geldes auf einem Sparkonto erzielen konnten, was damals vier Prozent waren. Er leitete die Gesellschaft von 1956 bis 1969 und es gab kein einziges Jahr, in dem sie Geld verlor. Sie erzielte eine durchschnittliche jährliche Rendite von 29,5 Prozent vor Gebühren und 24,5 Prozent nach Gebühren. Viele seiner frühen Partner wurden schließlich seine Freunde und Mitaktionäre bei Berkshire Hathaway. Heute hat Berkshire über drei Millionen Einzelaktionäre, die Warren als seine Aktionärspartner bezeichnet. Und auf der Jahreshauptversammlung von Berkshire hat Warren in den letzten 53 Jahren jeweils bis zu sechs Stunden damit verbracht, Fragen seiner Aktionärspartner zu beantworten. Für Warren ist Berkshire, egal wie groß es wird, immer noch eine Partnerschaft und er ist immer noch ihr vertrauenswürdiger geschäftsführender Gesellschafter.

Nr. 120

„Lobe namentlich, kritisiere nach Kategorien.“ [2]

Die süßesten Worte, die man zu hören bekommen kann, sind lobende Worte. Der Empfänger wird einen sofort mögen. Das ist einer der einfachsten Wege, einen Freund zu gewinnen. Hingegen hört niemand gern Kritik. Wer Kritik übt, der schafft es zügig, sich einen Feind fürs Leben zu machen.

Für Warren, der Dutzenden von CEOs aus den vielen Berkshire-Unternehmen vorsteht, ist dies fast zu einem Credo geworden. Er lobt gern namentlich, aber wenn er Kritik üben muss, tut er dies nach Kategorien. Bei mehreren Gelegenheiten hat Warren den 20.000 Berkshire-Aktionären, die an der Berkshire-Jahreshauptversammlung teilnehmen, erklärt, dass der Vorsitzende und CEO von JPMorgan Chase, Jamie Dimon, brillant und einer der besten im Bankgeschäft sei. Als er aber über die Wall-Street-Investmentbanken während der Finanzkrise 2008 sprach, vermied er es, Namen zu nennen, und stellte nur fest, dass die Banker dummerweise zu viele Risiken auf sich genommen und dumme Dinge getan hätten, die schließlich ihre Banken zu Fall gebracht hätten.

Nr. 121

„Man kann immer jemandem sagen, dass er morgen zur Hölle fahren soll.“ [3]

Dies ist eine Management-Weisheit, die Warren von Tom Murphy, dem Leiter von Capital Cities Communications, vermittelt wurde. Wenn Sie sich über jemanden ärgern, mit dem Sie zusammenarbeiten, und ihm sagen, er solle zur Hölle fahren, müssen Sie plötzlich mit jemandem zusammenarbeiten, der wütend auf Sie ist und vielleicht sehr lange wütend auf Sie bleibt. Das sorgt nicht gerade für ein angenehmes Arbeitsumfeld. Das Gleiche gilt für E-Mails und SMS – Ihre Emotionen gewinnen die Oberhand und ehe Sie sich's versehen, haben Sie einen echten Knaller losgelassen, den Sie wahrscheinlich am nächsten Morgen bereuen werden. Und man kann die Zeit nicht zurückdrehen und den Fehler wieder rückgängig machen. Das erinnert an eine ähnliche väterliche Weisheit, die Warren seinen drei Kindern mit auf den Weg gab, als sie heranwuchsen – er erklärte ihnen: „Es ist einfacher, sich aus Ärger herauszuhalten, als sich aus Ärger herauszuziehen.“

Nr. 122

„Wenn jemanden für einen arbeitet,
dem es an Integrität mangelt, will man,
dass er dumm und faul ist.“ [4]

Denn wenn so jemand intelligent, energisch, fleißig und kreativ ist, es ihm aber an Integrität mangelt, dann werden die ersten vier Qualitäten Sie blind machen. Diese Weisheit wurde Warren zu Beginn seiner Karriere von Peter Kiewit Jr., dem Vorsitzenden der Kiewit Corporation, einem der größten Bauunternehmen Nordamerikas, mit auf den Weg gegeben. Warren hat sein Büro in Omaha, wo Berkshire seinen Hauptsitz hat, seit 1962 von der Kiewit Corporation gemietet. Kiewit war für viele Geschäftsleute in Omaha, einschließlich Warren, ein Vorbild.

Nr. 123

„Man muss wissen, wie Menschen andere Menschen manipulieren, und man muss der Versuchung widerstehen, dies selbst zu tun.“ [5]

Wir werden in diesem Buch nicht versuchen, Ihnen aufzuzeigen, wie Menschen andere Menschen manipulieren. Wir können Ihnen aber verraten, dass das Buch, das Warren und Charlie gelesen und aus dem sie gelernt haben, wie Menschen andere Menschen manipulieren, „Influence: Die Psychologie der Überredung“ war. Der Autor, Dr. Robert B. Cialdini, hat sein ganzes Leben damit verbracht, das Thema Überredung zu studieren und darüber zu schreiben. Lesen Sie es und lernen Sie, wie Sie jemanden erkennen, der Überzeugungstechniken einsetzt, um Sie zu manipulieren. Befolgen Sie aber bitte Warrens Rat und versuchen Sie, diese Techniken nicht selbst anzuwenden. Sie werden es im Leben nicht weit bringen, wenn Sie als Manipulator abgestempelt werden, dem man nicht trauen kann.

Nr. 124

„Wenn du acht Stunden am Tag arbeitest, ist das Wichtigste nicht, wie viel Geld du verdienst, sondern wie du dich während dieser acht Stunden fühlst, mit welchen Menschen du interagierst und wie interessant die Arbeit für dich ist." [6]

Denken Sie einen Moment darüber nach – der durchschnittliche Mensch ist 120 Stunden pro Woche wach. Wenn wir 40 dieser Stunden am Arbeitsplatz verbringen, verbringen wir ein Drittel unseres wachen Erwachsenenlebens an unserem Arbeitsplatz. Wenn wir die Menschen, mit denen wir arbeiten, nicht mögen, kann es schnell zu einem wirklich miserablen Leben werden, selbst wenn wir eine Menge Geld verdienen.

Warren hat jungen Menschen immer geraten, einen Beruf zu ergreifen, der sie interessiert, und für Menschen zu arbeiten, die sie respektieren und mögen. Dann werden sie sich darauf freuen, morgens aufzustehen und zur Arbeit zu gehen, und sie werden Spaß daran haben und es interessant finden – der erste Schritt zu einem glücklichen und erfüllten Leben. Doch wie sieht es mit dem Gehalt aus?

Wenn jemand liebt, was er tut, wird er wahrscheinlich an die Spitze der Karriereleiter aufsteigen. Warren verdiente kein Geld, als er für Benjamin Graham an der Wall Street arbeitete, aber er liebte das, was er tat. Jeff Bezos gründete Amazon und verkaufte aus seiner Garage heraus Bücher. Er arbeitete 60 Stunden pro Woche und schlief oft am Schreibtisch, aber er liebte das Problemlösen und die Kreativität, die mit dem Aufbau von etwas völlig Neuem verbunden war. J. K. Rowling war eine alleinerziehende Mutter, die von Sozialhilfe lebte, als sie die Idee zu „Harry Potter und der Stein der Weisen" hatte. Wenn man an etwas arbeitet, das man liebt, wird das Geld schon fließen. Und wenn nicht, ist das auch egal, denn dann genießt man sein Arbeitsleben – und wie viele Menschen können das von sich behaupten?

Nr. 125

„Der Unterschied zwischen erfolgreichen Menschen und wirklich erfolgreichen Menschen ist, dass wirklich erfolgreiche Menschen zu fast allem Nein sagen. Man muss die Kontrolle über seine Zeit behalten und das kann man nur, wenn man Nein sagt. Man darf nicht zulassen, dass andere die eigene Lebensplanung bestimmen." [7]

Erfolg in jedem Beruf macht gefragt. Und die Anfragen drehen sich oft darum, einen Teil seiner Zeit zu opfern. Man wird gebeten, wohltätigen Gremien beizutreten, sich in politischen Angelegenheiten zu engagieren, in Aufsichtsgremien zu sitzen, Vorträge zu halten – all das knabbert Zeit ab von der Arbeit, dem Beruf, der Tätigkeit, die einen erfolgreich gemacht hat. Leidenschaftliche Menschen wie Warren haben nie genug Zeit. Die Gelangweilten hingegen haben endlos Zeit. Wirklich erfolgreiche Menschen haben nie genug Zeit, selbst wenn sie gelernt haben, Nein zu sagen.

Es ist interessant, dass Apple-Boss Steve Jobs eine sehr ähnliche Einstellung zum Neinsagen hatte. Er sagte: „Die Menschen glauben, dass Konzentration bedeutet, Ja zu sagen zu dem, worauf man sich konzentrieren muss. Aber das bedeutet es überhaupt nicht. Es bedeutet, Nein zu sagen zu den hundert anderen guten Ideen, die es gibt. Man muss sorgfältig auswählen. Ich bin eigentlich genauso stolz auf die Dinge, die wir nicht gemacht haben, wie auf die, die wir gemacht haben. Innovation bedeutet, zu tausend Dingen Nein zu sagen."

Nr. 126

„Ich finde, die Unternehmenskultur muss von oben kommen, sie muss konsistent sein, sie muss Teil der schriftlichen Kommunikation sein, sie muss gelebt werden und es muss belohnt werden, wenn sie befolgt wird, und bestraft, wenn nicht. Und dann dauert es sehr, sehr lange, bis sie sich wirklich festigt." [8]

Wie sieht die Unternehmenskultur von Berkshire genau aus? Der wichtigste Grundsatz ist die strikte Verpflichtung auf Dezentralisierung. Die hundertprozentigen Töchter von Berkshire agieren mit bemerkenswerter Autonomie. Die CEOs üben eine nahezu uneingeschränkte Kontrolle über ihre jeweiligen Unternehmen aus.

Dieser Ansatz entspringt Buffetts Überzeugung, dass Vertrauen das Beste in den Menschen hervorbringt. Warren sieht seine CEOs als Verwalter und nicht als Untergebene, was dazu beiträgt, dass sie ihren Unternehmergeist frei entfalten können. Der Verzeicht auf Mikromanagement ermöglicht es den zahlreichen Managern von Berkshire, die Verkaufs- und Produktionsziele frei festzulegen und so direkt auf ihre Märkte zu reagieren.

Ein weiterer Bestandteil der Unternehmenskultur von Berkshire ist die absolute Verpflichtung zu ethischem Verhalten. Warren erklärte einmal: „Beschert jemand dem Unternehmen Verlust, bin ich verständnisvoll, setzt aber jemand auch nur ein Fitzelchen vom Ansehen des Unternehmens aufs Spiel, bin ich gnadenlos." Dieses Ethos durchdringt jeden Aspekt von Berkshire und seinen vielen Unternehmen und prägt die Interaktionen mit Kunden, Partnern und Aktionären. Die Manager legen Wert auf eine faire Behandlung der Kunden und bauen dauerhafte Beziehungen auf, die auf gegenseitigem Vertrauen und Transparenz beruhen. Dieser moralische Kompass schützt nicht nur vor

Rufschädigung, sondern führt auch zu Kundenzufriedenheit, die Folgegeschäfte und nachhaltiges Wachstum nach sich zieht. Und schließlich ist da noch Berkshires Verpflichtung, eine langfristige Perspektive einzunehmen. Warren ermutigt die CEOs von Berkshire, Jahre vorauszudenken und der dauerhaften Wertschöpfung Vorrang vor flüchtigen kurzfristigen Gewinnen einzuräumen. Dies befreit die Manager von den Fesseln des vierteljährlichen Drucks. Es ermöglicht ihnen, sich auf Innovation, Mitarbeiterentwicklung und strategische Akquisitionen zu konzentrieren, die möglicherweise keine sofortige Rendite abwerfen, und die Grundlage für eine profitablere Zukunft zu schaffen.

Doch lassen Sie sich nicht täuschen: Jeder Aspekt der Unternehmenskultur von Berkshire zielt letztlich darauf ab, das Vermögen der Aktionäre zu steigern, indem das Unternehmen einen langfristigen Wertzuwachs erzielt.

Kapitel 21

Warren Buffett über die Zukunft Amerikas und der amerikanischen Politik

Nr. 127

„Wette nie gegen Amerika.“ [1]

Warren hat diese Strategie von J. P. Morgan, dem berühmten Wall-Street-Finanzier des Goldenen Zeitalters, übernommen. Dieser antwortete auf die Frage, wie er so reich geworden sei: „Ich habe nie gegen Amerika gewettet.“ Interessant ist, dass diese Anlagestrategie für J. P. Morgan im Jahr 1890 ebenso hervorragend funktionierte – er kaufte Aktien mit Vorliebe bei Börsencrashs – wie 118 Jahre später für Warren, der Aktien ebenfalls gern bei Börsencrashs kauft.

Nr. 128

„Ich glaube nicht, dass man sich Sorgen machen muss, dass der amerikanische Einfallsreichtum versiegt.“ [2]

Warren fuhr fort: „Unsere Wirtschaft, unsere Menschen und unser System waren bemerkenswert erfinderisch, als es darum ging, die 160 Millionen Arbeitsplätze zu schaffen, die wir heute haben – während wir uns seit 1776 immer wieder Wege ausdenken, um Arbeitsplätze abzuschaffen.“ Im Jahr 1820 arbeiteten 7,7 Millionen Menschen, also 79 Prozent der Amerikaner, auf Farmen und ernährten eine Bevölkerung von 9,6 Millionen. Im Jahr 2023 waren 2,2 Millionen Menschen, also 1,3 Prozent der amerikanischen Arbeitskräfte, in der Landwirtschaft tätig und ernährten eine Bevölkerung von 334 Millionen Menschen. Ohne die Fortschritte in der Technologie und der Robotik (Traktoren, Mähdrescher und so weiter) müssten in Amerika 260 Millionen Menschen in der Landwirtschaft arbeiten, um die Bevölkerung zu ernähren. Wir können argumentieren, dass die Fortschritte in Technologie und Robotik 258,8 Millionen Amerikaner von der Mühsal der Landwirtschaft befreit haben, sodass sie andere Dinge tun konnten, zum Beispiel an der Mainframe-Computer-Revolution (1940er- bis 1960er-Jahre), der Minicomputer-Revolution (1960er- bis 1980er-Jahre), der Personal-Computer-Revolution (1970er- bis 1990er-Jahre), der Mobile-Computing-Revolution (Ende der 1990er-Jahre bis heute) und der Cloud-Computing-Revolution (2000er-Jahre bis heute) arbeiten. 2,2 Millionen Amerikaner arbeiten auf Serverfarmen und in Rechenzentren, von denen viele mit Strom aus Berkshires Windparks für erneuerbare Energien betrieben werden.

Auch wenn viele Jobs immer noch mühsam und langweilig sind, ist das Beste an all diesen technologischen und robotergestützten Fortschritten, dass die Amerikaner ihre Arbeitszeit von 72 Stunden pro Woche im Jahr 1820 auf 38 Stunden pro Woche im Jahr 2023 reduziert haben. So haben sie mehr Zeit, um ihre Familien, Freunde und die wunderbare Welt, in der wir leben, zu genießen.

Nr. 129

„Wir sollten uns besser um die Menschen kümmern, die in unserem kapitalistischen System abgehängt werden, aber ich glaube nicht, dass wir das kapitalistische System, die goldene Gans, die seit 1776 goldene Eier legt, abschaffen sollten.“ [3]

Der Kapitalismus ist die Art und Weise, wie eine Zivilisation ihre Energie und ihre Ressourcen einsetzen kann, indem sie eine marktwirtschaftliche Form der Verteilung nutzt, bei der die Menschen mit ihrem Geld darüber abstimmen, ob ein Unternehmen erfolgreich ist oder nicht. Aufgrund seiner sehr schöpferischen Natur hat der Kapitalismus auch eine zerstörerische Kehrseite. Da neue Technologien alte Technologien verdrängen, werden neue Arbeitsplätze geschaffen, während alte Arbeitsplätze obsolet werden und verschwinden. Das funktioniert so lange gut, bis eine Produktionsstätte von einem Land in ein anderes Land verlagert wird und die Menschen dem Arbeitsplatz nicht mehr hinterherziehen können. Menschen, die diese Arbeitsplätze verlieren, finden zwar oft neue, aber viele werden auch abgehängt, da Arbeit nicht so international fluid ist wie Kapital. Kapital kennt keine nationalen Grenzen; es fließt ungehindert und schnell über die Grenzen und sucht in jedem Winkel der Erde nach der höchsten Rendite, die es finden kann. Arbeit kennt diese Freiheit nicht. Wer seinen gut bezahlten Arbeitsplatz in der Fertigung in Indiana an ein neues Werk in China verliert, kann nicht einfach nach China ziehen. Die chinesischen Einwanderungsgesetze lassen das nicht zu. Man sitzt in Amerika fest.

Historisch gesehen können die Missstände des Kapitalismus, wenn nichts dagegen unternommen wird, zu politischen Unruhen, zentralisierter staatlicher Planung und zur Verstaatlichung von Privatunternehmen führen. Es waren die Missbräuche des Kapitalismus, die die

Russische Revolution von 1917, die kommunistische Revolution in China 1949 und die Kubanische Revolution 1959 auslösten, die alle dazu führten, dass eine kommunistische Wirtschaftsform an die Stelle eines kapitalistischen Systems trat. In Amerika und England führten das Versagen des Kapitalismus und das dadurch verursachte Leid zu einer allmählichen Sozialisierung von Teilen der Wirtschaft. Zum Beispiel führte Amerika 1935 als Reaktion auf die Massenarbeitslosigkeit während der Großen Depression die Sozialversicherung ein. England verstaatlichte in der Zeit von 1945 bis 1951 seine Kohle- und Stahlindustrie und führte eine kostenlose staatliche Gesundheitsversorgung ein.

Wie Russland und China aber schließlich lernen mussten, hemmen zentralisierte staatliche Planung und die Verstaatlichung privater Unternehmen den Kapitalfluss in neue, innovative Unternehmen und führen zu einer rückwärts gerichteten Sichtweise auf Industrie und Handel. Dies führt zu einem niedrigeren Lebensstandard als in der kapitalistischen Welt. Oder wie der mit Warren befreundete U2-Rockmusiker Bono einmal bemerkte: „Es ist schon ein lustiger Moment, wenn man das als Aktivist erkennt: Der Ausweg aus der extremen Armut ist Handel und unternehmerischer Kapitalismus."

Warren ist der festen Überzeugung, dass die goldene Gans des Kapitalismus nur dann weiterhin ihre Wunder für Amerika vollbringen kann, wenn es ein Sicherheitsnetz für die amerikanischen Arbeitnehmer gibt, die auf der Strecke bleiben. So können auch sie weiterhin am großen Reichtum des Landes teilhaben, selbst wenn ihr Arbeitsplatz, den sie 30 Jahre lang hatten, nach China verlagert wird.

Nr. 130

„Ich frage einen Kandidaten gern: ‚Wofür stehen Sie, was die meisten Ihrer Anhänger ablehnen?‘“ [4]

Das scheint eine Art Fangfrage zu sein, aber das ist sie nicht. Sie ist Warrens Weg, herauszufinden, welches die wahren Leidenschaften des Kandidaten sind. Sie verrät ihm auch, wie viel Mut und Überzeugung der Kandidat besitzt. Wird der Kandidat für das, woran er wirklich glaubt, auf Stimmen verzichten und die persönliche Stärke zeigen, sich vor die Menge zu stellen und zu sagen: „Nein, das werden wir nicht tun, selbst wenn es mich die Wahl kostet“? Eine derartige persönliche Überzeugung eines Politikers ist eine seltene und schöne Sache.

Nr. 131

„Ich habe im Laufe der Jahre für beide Parteien gestimmt, aber normalerweise wähle ich die Demokraten. Jedoch bin ich kein überzeugter Demokrat, sondern überzeugter Kapitalist.“ [5]

Warrens geliebter Vater war ein eingefleischter republikanischer Kongressabgeordneter aus Nebraska. Man konnte erwarten, dass er in die Fußstapfen seines Vaters treten würde, was er auch eine Zeit lang tat. Als er aber älter und reicher wurde, stellte er fest, dass er in sozialen Fragen mehr und mehr auf der Seite der Demokraten stand. Warren, der sich bewusst ist, dass kein Kandidat jemals allein mit den Stimmen der Milliardäre gewählt wurde, schließt sich oft seinen Kapitalistenkollegen an und stimmt ohne Rücksicht auf die politische Zugehörigkeit für diejenigen, die die amerikanische Wirtschaft unterstützen.

Nr. 132

„Wir leben in einem Land, das ehrlich gesagt so gut ist, dass Ihre Kinder und Enkelkinder viel besser leben werden als Sie, auch wenn es zwischendurch immer mal wieder von dem einen oder anderen Idioten regiert wird.“ [6]

Bitte trösten Sie sich mit diesem Gedanken, wenn das nächste Mal ein Idiot eine Präsidentschaftswahl gewinnt.

Nr. 133

„Die Unabhängigkeitserklärung war ein ehrgeiziges Dokument und wir haben bei der Verwirklichung ihrer Ambitionen große Fortschritte gemacht – aber wir haben immer noch einen weiten Weg vor uns.“ [7]

Als die Unabhängigkeitserklärung am 4. Juli 1776 unterzeichnet wurde, durften Frauen nicht wählen und das Land hatte über ein überkommenes Wirtschaftssystem, das Sklaverei umfasste. Erst 1865 wurde die Sklaverei in Amerika endgültig abgeschafft und es dauerte bis 1920, bis amerikanische Frauen wählen durften. Erst 1949 ließ Harvard Frauen an der juristischen Fakultät zu – allerdings war ihre Zahl auf 30 begrenzt, und erst 1969 schaffte die Universität die Quote ab. Erst 1967 entschied der Oberste Gerichtshof, dass Gesetze, die Eheschließungen zwischen Rassen verbieten, verfassungswidrig sind. Aber es dauerte noch bis zum Jahr 2000, bis Alabama endlich seine Gesetze über die Eheschließung zwischen Rassen aufhob.

Die erste weibliche Vorstandsvorsitzende eines Fortune-500-Unternehmens war Katharine Graham. Graham trat 1963 in die Fußstapfen ihres verstorbenen Mannes und wurde CEO der Washington Post Company. Der erste Afroamerikaner, der CEO eines Fortune-500-Unternehmens wurde, war Dr. Clifton R. Wharton Jr., der 1987 die Rolle des Chairman und CEO von TIAA-CREF übernahm, einem führenden Finanzdienstleister für Pädagogen und Angestellte anderer gemeinnütziger Organisationen.

Warren erlebte diese historischen Momente und setzte sich aktiv für viele der sozialen und wirtschaftlichen Veränderungen ein, die den Weg für solche Fortschritte ebneten. Er selbst machte Katharine Graham mit den komplexen Zusammenhängen der Wall Street vertraut und trug so zu ihrem Erfolg bei. Und er hat Millionen gespendet, um zahllose Organisationen zu unterstützen, die unermüdlich für die Verwirklichung des edlen amerikanischen Ideals gekämpft haben: „Dass alle Menschen gleich erschaffen worden, dass sie von ihrem Schöpfer mit gewissen unveräußerlichen Rechten begabt worden, worunter sind Leben, Freiheit und das Bestreben nach Glückseligkeit."

Nachwort

Warren Buffett über Philanthropie

Nr. 134

„Mehr als 99 Prozent meines Vermögens werden zu meinen Lebzeiten oder nach meinem Tod philanthropischen Zwecken zufließen … Meine Familie und ich reagieren auf unser außergewöhnliches Glück nicht mit Schuldgefühlen, sondern mit Dankbarkeit.“ [1]

Warren hat im Laufe seines Lebens Milliarden von Dollar für wohltätige Zwecke gespendet und bereits mehr als die Hälfte seiner ursprünglichen Berkshire-Hathaway-Aktien verschenkt. Zuletzt wandelte er im Juni 2024 etwa 900 Aktien der Klasse A und mehr als 13 Millionen Aktien der Klasse B von Berkshire Hathaway um. Etwa 9,3 Millionen Aktien werden an die Gates Foundation gespendet. Die übrigen Aktien gehen an die vier Wohltätigkeitsorganisationen der Familie Buffett – die Susan Thompson Buffett Foundation, die Sherwood Foundation, die Howard G. Buffett Foundation und die NoVo Foundation.

Darüber hinaus hat sein Sohn Howard über 500 Millionen Dollar von Warrens Vermögen für humanitäre Zwecke in der kriegsgeschädigten Ukraine eingesetzt. Er hat ein Krankenhaus und ein Reha-Zentrum für Zivilisten und Soldaten mit kriegsbedingten Amputationen gebaut, 87 Millionen Dollar für die Beseitigung von Landminen ausgegeben, ein nationales Essensprogramm für Schulkinder finanziert, damit sie wieder zur Schule gehen können, zig Millionen für den Ersatz kriegsbeschädigter landwirtschaftlicher Geräte ausgegeben, damit die Landwirte wieder Lebensmittel anbauen können, und bisher die Reparatur von über 120.000 durch Bomben zerstörten Fenstern bezahlt, damit die Menschen in ihre Häuser zurückkehren und im Winter darin wohnen können.

Nr. 135

„Ich möchte glauben, dass ich über den Tellerrand hinausblicken kann. Ich bin mir aber nicht sicher, ob ich über den Tellerrand hinausblicken kann, wenn er sechs Fuß unter der Oberfläche liegt, und ob ich bessere Arbeit leisten kann als drei Personen, die an der Oberfläche sind und denen ich vollkommen vertraue.“ [2]

Im Juni 2024 kündigte Warren Buffett an, dass sein verbleibendes Vermögen, das auf über 130 Milliarden Dollar geschätzt wird, nach seinem Ableben an einen wohltätigen Trust gehen wird, der von seinen drei erwachsenen Kindern – Howard Buffett, Suzie Buffett und Peter Buffett – verwaltet wird. Die Bedingungen des Treuhandfonds sind so gestaltet, dass alle drei Einstimmigkeit über alle wohltätigen Ausgaben des Fonds erzielen müssen. Auf diese Weise ist sichergestellt, dass im Laufe der Zeit ein Buffett den Trust verwalten wird, solange eines der drei Kinder lebt. Warrens einzige Anweisung lautet, dass die Milliarden des Trusts „dazu verwendet werden sollen, Menschen zu helfen, die nicht so viel Glück hatten wie wir“.

*

Wir hoffen aufrichtig, dass diejenigen von Ihnen, die Warrens Lehren nutzen, um im Leben großen Reichtum zu erlangen, in Betracht ziehen, ihm und seiner Familie in ihrer Leidenschaft für Philanthropie und Wohltätigkeit zu folgen.

Beste Wünsche
MB & DC

Danksagungen

Wir möchten in erster Linie unseren Familien – Erica, Nicole und Sam; Kate, Dexter und Miranda – für ihre unendliche Geduld und Liebe danken, während wir lange an diesem Buch gearbeitet haben. Wir sind beide unseren wunderbaren Lektoren bei Scribner, Rosalind Lippel und Colin Harrison, zu großem Dank verpflichtet, die uns mit viel Geschick durch den gesamten Schreib- und Redaktionsprozess geleitet haben. Mary schuldet ein ganz besonderes Dankeschön ihrer geliebten Schwester Laura SirMons und ihrer lieben Freundin Christine Engelhardt. Und zu guter Letzt sind wir beide unendlich dankbar für all die weltgewandten Investmentweisheiten, die die beiden von uns sehr geliebten Männer, Warren Buffett und Charlie Munger, über so viele Jahre hinweg mit uns und den anderen Berkshire-Hathaway-Aktionären geteilt haben. Sie haben uns allen wahrhaftig das Geschenk gemacht, das einen immer weiter beschenkt.

Anmerkungen

Epigraph

1 https://www.insurancejournal.com/news/national/2023/11/29/749832.htm#:~:text=Under%20the%20heading%2C%20“Nothing%20Beats,might%20add%20bluntly—stated

Kapitel 1

1 https://www.youtube.com/watch?v=JvEas_zZ4fM

2 https://www.sarwa.co/blog/warren-buffett-quotes#:~:text=“Do%20not%20take%20yearly%20results,belong%20to%20the%20short%20term

3 https://www.youtube.com/watch?v=uddpWu5-1Uk

4 https://www.youtube.com/watch?v=8OcegOGAGIs

5 https://finance.yahoo.com/news/warren-buffett-investment-advice-for-young-people-120219862.html

6 https://www.youtube.com/watch?v=JvEas_zZ4fM

7 https://markets.businessinsider.com/news/stocks/warren-buffett-25-best-quotes-berkshire-hathaway-annual-meeting-2020-5-1029160195

8 https://buffett.cnbc.com/video/2008/05/03/morning-session---2008-berkshire-hathaway-annual-meeting.html

9 https://buffett.cnbc.com/video/2008/05/03/morning-session---2008-berkshire-hathaway-annual-meeting.html; https://www.youtube.com/watch?v=OhIEqKIf7yU

10 https://www.goodreads.com/quotes/3240452-i-try-to-invest-in-businesses-that-are-so-wonderful

11 https://www.youtube.com/watch?v=JvEas_zZ4fM

12 https://www.fool.com/investing/general/2012/02/22/the-25-smartest-things-warren-buffett-ever-said-.aspx#:~:text=24.,speaks%20well%20to%20this%20statement

13 https://buffett.cnbc.com/video/2015/05/02/morning-session---2015-berkshire-hathaway-annual-meeting.html

Kapitel 2

1 https://buffett.cnbc.com/video/2004/05/01/morning-session---2004-berkshire-hathaway-annual-meeting.html; https://www.youtube.com/watch?v=63oF8BOMMB8

2 https://benlengerich.medium.com/why-warren-buffett-doesnt-invest-in-tech-companies-and-yet-his-largest-holding-is-apple-c0317a93979c#:~:text=Buffett%27s%20Strategy&text=The%20key%20to%20investing%20is,the%20durability%20of%20that%20advantage

3 https://benlengerich.medium.com/why-warren-buffett-doesnt-invest-in-tech-companies-and-yet-his-largest-holding-is-apple-c0317a93979c#:~:text=Buffett%27s%20Strategy&text=The%20key%20to%20investing%20is,the%20durability%20of%20that%20advantage

4 https://buffett.cnbc.com/video/2008/05/03/morning-session---2008-berkshire-hathaway-annual-meeting.html

5 https://buffett.cnbc.com/video/2018/05/05/morning-session---2018-berkshire-hathaway-annual-meeting.html

6 https://buffett.cnbc.com/video/2019/05/06/afternoon-session---2019-berkshire-hathaway-annual-meeting.html

Kapitel 3

1 https://www.youtube.com/watch?v=Tr6MMsoWAog

2 https://finance.yahoo.com/news/warren-buffett-best-quotes-154519517.html

3 https://barbarafriedbergpersonalfinance.com/saving-money-advice-warren-buffett/#:~:text=4.-,Use%20Debt%20Carefully%20and%20Limit%20What%20You%20Borrow,without%20borrowing%2C”%20Buffett%20says

4 https://pictureperfectportfolios.com/learning-from-warren-buffett-the-power-of-compoundinterest/#:~:text=Well%2C%20as%20we%20will%20see,lucky%20genes%2C%20and%20compound%20interest; https://givingpledge.org/pledger?pledgerId=177

5 https://buffett.cnbc.com/video/2008/05/03/morning-session---2008-berkshire-hathaway-annual-meeting.html

[6] https://buffett.cnbc.com/video/2023/05/08/morning-session---2023-meeting.html
[7] https://www.fool.com/investing/2023/04/17/worried-about-high-interest-rates-heres-what-warre/
[8] https://buffett.cnbc.com/video/2015/05/02/morning-session---2015-berkshire-hathaway-annual-meeting.html
[9] https://buffett.cnbc.com/video/2019/05/06/afternoon-session---2019-berkshire-hathaway-annual-meeting.html; Quelle des Munger-Zitats: http://www.quoteswise.com/charlie-munger-quotes-4.html
[10] https://www.sarwa.co/blog/warren-buffett-quotes
[11] https://buffett.cnbc.com/video/2008/05/03/morning-session---2008-berkshire-hathaway-annual-meeting.html; https://www.analystforum.com/t/what-does-this-quote-by-warren-buffett-mean/94756

Kapitel 4

[1] https://www.youtube.com/watch?v=Tr6MMsoWAog
[2] https://www.ivey.uwo.ca/media/2809438/buffett-2008.pdf
[3] https://www.fool.com/investing/2023/11/05/good-time-to-buy-stocks-warren-buffetts-advice/#:~:text=When%20to%20buy%3A%20Buffett%20believes,also%20learn%20from%20his%20actions
[4] https://buffett.cnbc.com/video/2023/11/06/morning-session---1999-berkshire-hathaway-annual-meeting.html
[5] Beide Zitate: https://buffett.cnbc.com/video/2015/05/02/morning-session---2015-berkshire-hathaway-annual-meeting.html
[6] https://financhill.com/blog/investing/warren-buffett-bear-market-quotes#:~:text=Losses%20aren%27t%20realized%20until,stock%20market%20is%20manic%20depressive
[7] https://buffett.cnbc.com/video/2022/05/02/morning-session---2022-meeting.html
[8] https://buffett.cnbc.com/video/2008/05/03/morning-session---2008-berkshire-hathaway-annual-meeting.html#:~:text=We%20don%27t%20think%20—%20what,run%20our%20eyes%20over%20them
[9] https://sabercapitalmgt.com/1987-berkshire-letter-and-buffetts-thoughts-on-high-roe/
[10] https://buffett.cnbc.com/video/2008/05/03/morning-session---2008-berkshire-hathaway-annual-meeting.html

Kapitel 5

[1] https://www.youtube.com/watch?v=UpGIJG02-Mw; https://www.youtube.com/watch?v=JvEas_zZ4fM

[2] https://buffett.cnbc.com/video/2019/05/06/morning-session---2019-berkshire-hathaway-annual-meeting.html

[3] https://buffett.cnbc.com/video/2008/05/03/morning-session---2008-berkshire-hathaway-annual-meeting.html

[4] https://buffett.cnbc.com/video/2004/05/01/morning-session---2004-berkshire-hathaway-annual-meeting.html

[5] https://buffett.cnbc.com/video/2004/05/01/morning-session---2004-berkshire-hathaway-annual-meeting.html

[6] https://buffett.cnbc.com/video/2023/11/06/morning-session---1999-berkshire-hathaway-annual-meeting.html

Kapitel 6

[1] https://nymag.com/intelligencer/2008/09/warren_buffetts_dirty_words_of.html

[2] https://buffett.cnbc.com/video/2004/05/01/morning-session---2004-berkshire-hathaway-annual-meeting.html

[3] https://quotefancy.com/quote/931542/Warren-Buffett-First-many-in-Wall-Street-a-community-in-which-quality-control-is-not

[4] https://www.reuters.com/article/idUSKCN0XR0OO/

[5] https://www.youtube.com/watch?v=8OcegOGAGIs

Kapitel 7

[1] https://www.youtube.com/watch?v=JvEas_zZ4fM; https://buffett.cnbc.com/video/2008/05/03/morning-session---2008-berkshire-hathaway-annual-meeting.html

[2] https://www.youtube.com/watch?v=joBnDqPfKfI

Kapitel 8

[1] https://buffett.cnbc.com/video/2022/05/02/morning-session---2022-meeting.html

[2] https://buffett.cnbc.com/video/2014/05/03/morning-session---2014-berkshire-hathaway-annual-meeting.html

[3] https://www.azquotes.com/quote/1278019

4 https://buffett.cnbc.com/video/2014/05/03/morning-session---2014-berkshire-hathaway-annual-meeting.html

Kapitel 9

1 https://www.cnbc.com/2019/04/29/warren-buffett-on-making-mistakes-that-makes-it-interesting.html

2 https://www.youtube.com/watch?v=uddpWu5-1Uk

3 https://www.youtube.com/watch?v=JvEas_zZ4fM

4 https://nymag.com/intelligencer/2008/09/warren_buffetts_dirty_words_of.html; https://markets.businessinsider.com/news/stocks/warren-buffett-most-gruesome-mistake-dexter-shoe-9-billion-error-2020-1-1028827359#:~:text=%22I%20gave%20away%201.6%25%20of%20a%20wonderful%20business%20–%20one,Dexter%20Shoe%2C%22%20he%20said

5 https://libquotes.com/warren-buffett/quote/lbr1w3m

6 https://buffett.cnbc.com/video/2019/05/06/morning-session---2019-berkshire-hathaway-annual-meeting.html; https://www.valueinvesting-world.com/2014/07/berkshire-and-diversified-retailing.html

Kapitel 10

1 https://www.yapss.com/post/collection-warren-buffett-171-dot-com-bubble-burst; https://www.gurufocus.com/news/970127/charlie-mungers-3-tips-for-valuing-stocks

2 https://buffett.cnbc.com/video/2004/05/01/morning-session---2004-berkshire-hathaway-annual-meeting.html

3 https://www.youtube.com/watch?v=a8Tw2Pm-zGU

Kapitel 11

1 https://www.youtube.com/watch?v=gxK2vXKlFO8

2 https://www.youtube.com/watch?v=zTuOMVu9Kow

3 https://www.youtube.com/watch?v=zpPcx1BsxNE231

Kapitel 12

1 https://www.youtube.com/watch?v=zpPcx1BsxNE

2 https://www.reuters.com/business/buffett-says-he-cannot-imagine-us-debt-default-2023-05-06/#:~:text=%22A%20lighted%20match%20can%20be,who%20do%20the%20wrong%20thing.%22

Kapitel 13

[1] https://buffett.cnbc.com/video/2015/05/02/morning-session---2015-berkshire-hathaway-annual-meeting.html

[2] https://www.reuters.com/business/buffett-says-more-comfortable-with-investments-japan-than-taiwan-2023-05-06/#:~:text=%22The%20Japanese%20thing%20was%20simple,finance%20the%20sale%2C%20he%20added

[3] https://buffett.cnbc.com/video/2015/05/02/munger-efficiency-is-required-over-time-in-capitalism.html

[4] https://buffett.cnbc.com/video/2015/05/02/munger-efficiency-is-recovered-over-time-in-capitalism.html

[5] https://buffett.cnbc.com/video/2018/05/05/morning-session---2018-berkshire-hathaway-annual-meeting.html

[6] https://www.forbes.com/sites/miriamtuerk/2018/08/16/why-warren-buffett-is-right-about-china/?sh=1da91ad41bff

[7] https://www.youtube.com/watch?v=uddpWu5-1Uk

Kapitel 14

[1] https://www.cnbctv18.com/business/bitcoin-was-probably-rat-poison-squared-and-other-top-quotes-by-warren-buffett-14618511.htm#; https://www.cnbc.com/2020/02/24/warren-buffett-cryptocurrency-has-no-value.html#:~:text=Tech-,Warren%20Buffett%3A%20Crypto-currency%20%27has%20no%20value%27%20–%20%27I,own%20any%20and%20never%20will%27&text=The%20Berkshire%20Hathaway%20CEO%20and,in%20a%20Squawk%20Box%20interview; https://www.cnbc.com/2022/04/30/warren-buffett-gives-his-most-expansive-explanation-for-why-he-doesnt-believe-in-bitcoin.html; https://www.thestreet.com/crypto/investing/warren-buffett-doesnt-mince-words-about-bitcoin; https://www.investopedia.com/news/buffett-cryptocurrency-they-will-certainly-come-bad-ending/#:~:text=%22In%20terms%20of%20cryptocurrencies%2C%20generally,s%20(MSFT)%20Bill%20Gates

[2] https://www.goodreads.com/quotes/546212-gold-gets-dug-out-of-the-ground-in-africa-or

Kapitel 15

[1] https://barbarafriedbergpersonalfinance.com/saving-money-advice-warren-buffett/#:~:text=4.-,Use%20Debt%20Carefully%20and%20Limit%20What%20You%20Borrow,without%20borrowing%2C"%20Buffett%20says

[2] https://buffett.cnbc.com/video/2019/05/06/morning-session---2019-berkshire-hathaway-annual-meeting.html

[3] https://www.insurancejournal.com/news/national/2023/11/29/749832.htm

Kapitel 16

[1] https://www.youtube.com/watch?v=Tr6MMsoWAog; https://buffett.cnbc.com/video/2005/04/30/the-best-investment-is-in-your-own-abilities.html

[2] https://quotefancy.com/quote/931415/Warren-Buffett-My-idea-of-a-group-decision-is-to-look-in-the-mirror; https://buffett.cnbc.com/video/2016/04/30/morning-session—2016-berkshire-hathaway-annual-meeting.html

[3] https://www.youtube.com/watch?v=Tr6MMsoWAog

[4] https://markets.businessinsider.com/news/stocks/warren-buffett-25-best-quotes-berkshire-hathaway-annual-meeting-2020-5-1029160195

[5] https://observer.com/2015/05/ive-followed-warren-buffett-for-decades-and-keep-coming-back-to-these-10-quotes/; https://www.inc.com/marcel-schwantes/warren-buffett-says-you-can-ruin-your-life-in-5-minutes-by-making-1-critical-mistake.html

[6] https://www.youtube.com/watch?v=JvEas_

[7] https://www.youtube.com/watch?v=4YYxAS4xeNM

[8] https://www.youtube.com/watch?v=Tr6MMsoWAog; https://www.youtube.com/watch?v=KJcWrL4fQnk; https://www.cnbc.com/2018/05/14/warren-buffett-says-the-most-important-decision-is-who-you-marry.html; https://buffett.cnbc.com/video/2022/05/02/morning-session---2022-meeting.html

[9] https://www.youtube.com/watch?v=yzuTj_t7ILs

[10] https://www.azquotes.com/quote/536518#google_vignette

[11] https://buffett.cnbc.com/video/2014/05/03/morning-session---2014-berkshire-hathaway-annual-meeting.html; https://www.youtube.com/watch?v=Ycd-Zel3ExM

[12] https://www.google.com/search?client=safari&rls=en&q=warren+buffett+on+envy&ie=UTF-8&oe=UTF-8#fpstate=ive&vld=cid:f164d162,vid:-T3NanXhuxY,st:0

[13] https://buffett.cnbc.com/video/2019/05/06/afternoon-session---2019-berkshire-hathaway-annual-meeting.html; http://www.quoteswise.com/charlie-munger-quotes-2.html

[14] https://www.youtube.com/watch?v=4YYxAS4xeNM

Kapitel 17

[1] https://www.thestreet.com/investing/stocks/the-15-greatest-warren-buffett-quotes-of-all-time-13207512; https://nymag.com/intelligencer/2008/09/warren_buffetts_dirty_words_of.html

[2] https://www.cnbc.com/video/2020/02/24/buffett-reaching-for-yield-human-low-interest-rates.html; https://www.marketwatch.com/picks/this-is-warren-buffetts-first-rule-about-investing-heres-what-to-do-if-your-financial-adviser-breaks-that-rule-01635799738#:~:text=Warren%20Buffett%20once%20said%2C%20“The,all%20the%20rules%20there%20are

[3] https://buffett.cnbc.com/video/2008/05/03/morning-session---2008-berkshire-hathaway-annual-meeting.html

[4] https://buffett.cnbc.com/video/2004/05/01/morning-session---2004-berkshire-hathaway-annual-meeting.html; https://www.investopedia.com/terms/d/derivativestimebomb.asp#:~:text=Derivatives%20time%20bomb%20refers%20to%20the%20potential%20for%20a%20dramatic,financial%20weapons%20of%20mass%20destruction.%22

[5] https://buffett.cnbc.com/video/2022/05/02/morning-session---2022-meeting.html

Kapitel 18

[1] https://www.oldschoolvalue.com/stock-valuation/warren-buffett-valuation-formula/#:~:text=Second%2C%20speculation%20is%20most%20dangerous,that%2C%20and%20we%20know%20it

[2] https://www.youtube.com/watch?v=UpGIJG02-Mw

[3] https://buffett.cnbc.com/video/2018/05/05/afternoon-session---2018-berkshire-hathaway-annual-meeting.html

[4] https://www.cnbc.com/2017/05/06/warren-buffett-says-hes-got-a-big-appetite-for-a-solar-or-wind-project.html; https://markets.businessinsider.com/news/stocks/warren-buffett-berkshire-hathaway-invest-billions-iowa-saudi-arabia-wind-2019-12-1028787852

[5] https://www.youtube.com/watch?v=lGlpRe2WD6g; https://www.youtube.com/watch?v=03sdWvFUg14

Kapitel 19

[1] https://buffett.cnbc.com/video/2019/05/06/afternoon-session---2019-berkshire-hathaway-annual-meeting.html

[2] https://buffett.cnbc.com/video/2008/05/03/morning-session---2008-berkshire-hathaway-annual-meeting.html#:~:text=We%20don%27t%20think%20—%20what,run%20our%20eyes%20over%20them

[3] https://buffett.cnbc.com/video/2019/05/06/morning-session---2019-berkshire-hathaway-annual-meeting.html

[4] https://buffett.cnbc.com/video/1994/04/25/afternoon-session---1994-berkshire-hathaway-annual-meeting.html

[5] https://www.cnbc.com/2009/11/17/warren-buffett-reasonable-return-is-good-enough-for-longhaul-railroad-ride.html

[6] https://buffett.cnbc.com/video/2019/05/06/afternoon-session---2019-berkshire-hathaway-annual-meeting.html

[7] https://buffett.cnbc.com/video/2023/05/08/morning-session---2023-meeting.html

[8] https://buffett.cnbc.com/video/2008/05/03/afternoon-session---2008-berkshire-hathaway-annual-meeting.html

[9] https://www.goodreads.com/quotes/432412-i-insist-on-a-lot-of-time-being-spent-almost

[10] https://www.youtube.com/watch?v=JvEas_zZ4fM

[11] https://www.youtube.com/watch?v=BBXh2IveLm8

[12] https://buffett.cnbc.com/video/2019/05/06/morning-session---2019-berkshire-hathaway-annual-meeting.html235

Kapitel 20

[1] https://www.youtube.com/watch?v=xvAOaKJ8Meo

[2] https://www.youtube.com/watch?v=4YYxAS4xeNM

[3] https://www.youtube.com/watch?v=4YYxAS4xeNM; https://www.fool.com/investing/2020/01/07/10-lessons-from-warren-buffett.aspx

[4] https://buffett.cnbc.com/video/2016/04/30/morning-session---2016-berkshire-hathaway-annual-meeting.html

[5] https://www.youtube.com/watch?v=4YYxAS4xeNM

[6] https://buffett.cnbc.com/video/2023/11/06/morning-session---1999-berkshire-hathaway-annual-meeting.html

[7] https://ulm.edu/webguide/faculty/pdf/One-Important-And-Simple-Successful-Habit.pdf; https://www.inc.com/marcel-schwantes/warren-buffett-says-this-is-1-simple-habit-that-separates-successful-people-from-everyone-else.html

[8] https://buffett.cnbc.com/video/2015/05/02/morning-session---2015-berkshire-hathaway-annual-meeting.html

Kapitel 21

[1] https://www.youtube.com/watch?v=2RbGDN9HWO4

[2] https://buffett.cnbc.com/video/2019/05/06/afternoon-session---2019-berkshire-hathaway-annual-meeting.html

[3] https://www.youtube.com/watch?v=JvEas_zZ4fM;https://www.aei.org/economics/when-it-comes-to-reducing-global-poverty-bono-is-right-and-the-anti-capitalists-are-wrong/

[4] https://www.youtube.com/watch?v=uddpWu5-1Uk

[5] https://www.youtube.com/watch?v=uddpWu5-1Uk

[6] https://buffett.cnbc.com/video/2008/05/03/morning-session---2008-berkshire-hathaway-annual-meeting.html

[7] https://www.youtube.com/watch?v=2RbGDN9HWO4

Nachwort

[1] https://givingpledge.org/pledger?pledgerId=177

[2] https://www.wsj.com/finance/warren-buffett-gives-us-a-preview-of-his-will-419ad46d